Deutschland

- Eberbach
- Buchen
- Neckargemünd
- Sinsheim

Teresa A. K. Kaya

Abenteuer rund um Heidelberg und Odenwald

Lilly, Nikolas und ein Alpaka auf Abwegen

Illustrationen von Liuba Lebedeva

Biber & Butzemann

Besuchen Sie uns im Internet unter www.biber-butzemann.de,
auf facebook.com/biberundbutzemann oder
auf instagram.com/biberundbutzemann.

▶ Hinweis: Ausstellungen in Museen wechseln und auch bei anderen Sehenswürdigkeiten gibt es regelmäßig Veränderungen, darum sind alle Angaben ohne Gewähr.

Für alle kleinen und großen Abenteurer*innen
T. Kaya

© Kinderbuchverlag Biber & Butzemann
Geschwister-Scholl-Str. 7
15566 Schöneiche
1. Auflage, 2022

Alle Rechte vorbehalten. Die vollständige oder auszugsweise Speicherung, Vervielfältigung oder Übertragung dieses Werkes, ob elektronisch, mechanisch, durch Fotokopie oder Aufzeichnung, ist ohne vorherige Genehmigung des Verlags urheberrechtlich untersagt.

Bibliografische Information der Deutschen Bibliothek
Die Deutsche Bibliothek verzeichnet diese Publikation in der Deutschen Nationalbibliografie; detaillierte bibliografische Daten sind im Internet unter http://dnb.ddb.de abrufbar.

Text: Teresa A. K. Kaya
Illustrationen: Liuba Lebedeva
Layout und Satz: Mike Hopf
Lektorat: Steffi Bieber-Geske, Britta Schmidt von Groeling
Lektoratsassistenz: Kati Bieber, Martina Bieber, Leah Hentschel, Larissa Müller, Michelle Stark
Korrektorat: Carola Jürchott
Druck- und Bindearbeiten: Longo SPA | AG, Bozen
ISBN: 978-3-95916-092-6

Inhalt

1. Auf nach Korsika — **4**
2. Eine festliche Begrüßung — **6**
3. Hoch im Himmel — **16**
4. Übernachtung im Heu — **26**
5. Ein Date mit dem Grüffelo — **34**
6. Eine unverhoffte Party — **47**
7. Ein neuer Freund — **53**
8. Wettschwimmen in den Bergen — **63**
9. Eine Überraschung für Mama und Papa — **68**
10. Gregor wird vermisst! — **71**
11. Märchenhaftes Leben — **75**
12. Check-in im Kinderhotel — **79**
13. Ein Ausflug in die Unterwelt — **85**
14. Eine Entdeckung am Meer — **92**
15. Von Rittern, Hexen und Hofnarren — **98**
16. Happy End für Gregor — **110**
17. Die Dankesfeier — **114**

Auf nach Korsika

„Kinder, wir fahren nach Korsika!", rief Papa freudestrahlend und streckte seinen Kopf zur Tür herein.

Lilly und Nikolas, die gerade beim Kofferpacken waren, schauten ihren Vater erst ungläubig, dann begeistert an.

Nikolas fand als Erster seine Sprache wieder: „Echt? Die französische Insel? Super, da waren Sophie und Jonas letztes Jahr auch. Sie waren total begeistert!"

„Warum habt ihr euch umentschieden? Ihr wolltet euren 15. Hochzeitstag doch in Heidelberg feiern?", fragte Lilly.

„Richtig! Dabei bleibt es auch! Aber Tante Kathi hatte den grandiosen Einfall, dass wir bei ihr unseren Stützpunkt haben könnten, von dem aus wir unsere Ausflüge machen. Dieses großzügige Angebot wollen wir gerne annehmen. Deshalb geht's für uns erst mal nach Korsika", erklärte Papa.

Ha-Ha, da hatte Papa sie ja ganz schön veräppelt. Lilly und Nikolas waren sichtlich enttäuscht. Papa versuchte, die Kinder zu besänftigen: „Kommt schon, das war doch lustig, oder? Korsika im Odenwald – das ist sowieso viel spannender, als auf eine Insel zu fahren, wo jeder hinwill. Bei ihr könne man noch richtig was entdecken, sagt Tante Kathi. Und wir werden uns dann zusammen die Ausflüge aussuchen."

Lilly und Nikolas waren zwar immer noch nicht so richtig überzeugt, sahen aber bereits wesentlich versöhnlicher aus, denn sie freuten sich sehr auf Tante Kathi und Onkel Matthias – und natürlich auf Fips, den kleinen Terrier-Mix der beiden.

„Jetzt lass ich euch mal wieder allein, damit ihr fertig packen könnt. Morgen geht's los!", rief Papa und schloss schwungvoll die Tür hinter sich.

Eine festliche Begrüßung

„Puh, hab ich einen Hunger!", sagte Lilly und griff sich an den Bauch.

„Ich auch!", pflichtete Nikolas seiner Schwester bei.

„Und ich erst!", stimmte auch Mama mit ein.

„Wie gut, dass ich euch kenne und mir natürlich schon etwas überlegt habe!", sagte Papa triumphierend mit einem Blick in den Rückspiegel.

„Na, da bin ich jetzt gespannt, Papa!", sagte Lilly. „Wo soll es denn hier etwas Leckeres zum Abendessen geben? Ich sehe nur die Autobahn, sonst nix!"

Papa erwiderte nur geheimnisvoll: „Wartet mal ab, es ist eine Überraschung! Die Strecke wird sich lohnen, glaubt mir!"

Mama kicherte leise vor sich hin.

Das musste ja etwas ganz Besonderes sein, was ihre Eltern da geplant hatten! Lilly und Niklas warfen einander vielsagende Blicke zu und wendeten sich dann wieder der öden Autobahn zu, die sich scheinbar endlos vor den Autofenstern hinzog.

„Übrigens gibt es Moore im Odenwald, zum Beispiel das *Rote Wasser* bei Olfen, einem Stadtteil von Oberzent. Das *Olfener Moor* ist ein Regenmoor und Naturschutzgebiet in der Region Beerfelden", erzählte Mama.

Seit ihrem Moor-Abenteuer im Oldenburger Land war vor allem Nikolas sehr an diesem Thema und am Klimaschutz im Allgemeinen interessiert. Auch diesmal genügte Mamas Anstoß, um einen Vortrag über die Bedeutung von Mooren unter anderem als CO_2-Speicher auszulösen. Darauf folgte wieder Schweigen, die Fahrt nahm einfach kein Ende.

„Das ist die *Bergstraße*, meine Lieben!", rief Mama mit einem Mal in die Stille hinein und deutete aus dem Fenster.

Lilly war richtig erschrocken. Sie richtete ihren Blick suchend aus dem Fenster. „Ich sehe nur die Autobahn!", sagte sie, und Nikolas zuckte mit den Schultern.

„Da hinten, seht ihr die Berge? Sie bilden das Panorama von Darmstadt bis nach Wiesloch. Diese Straße gab es schon zu Zeiten, als die Römer lebten, damals war es noch die Handels- und Heerroute. In den 1950er-Jahren hat man in Heppenheim Reste davon entdeckt", erklärte Mama.

„Du kennst dich ja richtig gut aus!", sagte Lilly bewundernd, während sie auf die Berge blickte, die im Vergleich zu denen, die sie aus Bayern kannten, aus der Ferne eher wie größere Hügel wirkten.

„Die Täler und Berge wechseln sich hier wirklich schier endlos ab. Da kann man schon von einer Straße sprechen", sagte Nikolas.

Das dunkle Grün der Bäume war in der Dämmerung gerade noch so erkennbar. „Der *Geo-Naturpark Bergstraße-Odenwald* ist übrigens einer der 169 UNESCO Global Geoparks in insgesamt 44 Ländern. In Deutschland tragen nur sieben Geopark-Regionen diesen Titel!", erklärte Mama nach einem Blick in den Reiseführer.

„Was genau ist denn so ein Geopark?", fragte Nikolas.

„Er hat viele geologische Schätze zu bieten. Die Aufgabe der Geoparks ist es, dieses Erbe zu schützen, indem sie über geologische

Themen informieren und auf Nachhaltigkeit achten. Auch die wissenschaftliche Forschung gehört dazu. Man hat hier übrigens auch den Unterkiefer des sogenannten ‚Homo Heidelbergensis' und damit die ältesten menschlichen Besiedlungen europaweit gefunden", gab Mama bereitwillig Auskunft.

Die *Bergstraße* präsentierte sich ihnen von ihrer schönsten Seite: Die letzten Sonnenstrahlen trafen auf eine riesige Felswand, die leuchtete, als wären sie aus echtem Gold.

„Sieht das nicht wunderschön aus?", fragte Mama versonnen.

„Die Felsen, die wir da hinten so leuchten sehen, das ist der große *Porphyrsteinbruch* des Wachenbergs. Dort wollte ich früher gerne mal klettern. Das ist aber nicht erlaubt, auch, weil dort so viele Tiere ihren Lebensraum haben. Dafür gibt's bei Weinheim im Birkenauer Tal die *Jakobswand*. Der Klettersteig ist fantastisch", schwärmte Papa.

„Oh, dürfen wir da bitte, bitte auch mal hin?", fragte Lilly begeistert. Sie hatte sich schon lange gewünscht, einmal richtig am Fels klettern zu gehen, genau wie ihr Papa.

„*Bergstraße* hin oder her – Papa, ich hab echt Kohldampf!", unterbrach Nikolas Lilly. Sein Gesicht war verdächtig blass, und in seiner Stimme lag ein Anflug von Verzweiflung. Er musste wirklich großen Hunger haben!

„Vor lauter Schauen haben wir unsere Ausfahrt verpasst. Aber das ist nicht schlimm. Wir drehen einfach bei der nächsten Ausfahrt um, denn wir wollen ja eigentlich erst mal Richtung Bensheim", sagte Papa beschwichtigend. Er hatte Nikolas schon angesehen, dass er dringend etwas zu essen brauchte.

„Bensheim? Ich dachte, wir fahren zu Tante Kathi in den Odenwald?", erwiderte Lilly irritiert. Ihr Gesicht glich einem einzigen Fragezeichen.

„Noch nicht. Wir haben einen kleinen Zwischenstopp geplant. Wir dachten, das könnte euch gut gefallen! Ihr habt doch sicher eure Ritterrüstungen dabei, oder?"

„Unsere Ritterrüstungen?", fragte Nikolas nach.

„Wartet nur ab!", sagte Mama und machte damit deutlich, dass sie zum jetzigen Zeitpunkt nicht mehr verraten würde.

Kurze Zeit später rollte das Auto holprig auf einen Parkplatz, der mit Kopfsteinpflaster belegt war. „Hä?", entfuhr es Nikolas.

„Das heißt ‚Wie bitte?!'", sagte Mama gespielt streng mit erhobenen Augenbrauen.

„Schon gut", gab Nikolas nach und kicherte. „Eine Ritterrüstung fürs Essen?", fragte er. Er war neugierig geworden und seine Wangen ein bisschen weniger blass.

„Ja, das wäre der passende Dresscode. Immerhin sind wir zum Rittermahl geladen!", sagte Mama.

Lilly und Nikolas waren plötzlich hellwach. Ein echtes Rittermahl? Auf einer Burg? Das hatten sie noch nie erlebt.

Inzwischen war es schon dunkel geworden, und Mama machte kurz das Licht an, um den Inhalt ihrer Tasche besser zu sehen. Schließlich reichte sie ein Blatt nach hinten. „Hier, lest selbst!", sagte sie.

Nikolas und Lilly konnten ihre Aufregung nicht mehr verbergen, und der Hunger war nun schon fast zur Nebensache geworden.

„Was ist ein Herold?", fragte Nikolas gespannt und hüpfte aus dem Auto.

„Wenn Sie erlauben, edler Ritter? Ich gehöre zur Berufsgruppe der offiziellen Boten der Lehnsherren, also den Eigentümern, beispiels-

weise von Land" antwortete ein Mann, der plötzlich wie aus dem Nichts erschienen war. Er trug mittelalterliche Kleidung.

„Wenn ich Sie nun geleiten darf?", fragte er und hielt Lilly und Nikolas je einen Arm hin. Die beiden ließen sich nicht lange bitten und hakten sich unter. Mama und Papa folgten ihnen.

Gemeinsam gingen sie an einem Schild mit der Aufschrift „Burgschenke" vorbei in einen kleinen Raum, in dem zwei Kostüme auf Nikolas und Lilly warteten.

Lilly griff nach einem roten Samtkleid, das aufwendig mit Gold bestickt war und kurze Puffärmel hatte. „Wow!", sagte sie bewundernd. „Ist das für mich?"

Der Herold nickte und verschwand mit den Worten: „Ich erwarte Sie alle dann gleich vor der Tür."

Das Kleid reichte Lilly bis knapp über den Boden. Sogar ein Haarschmuck war bereitgelegt. Nikolas nahm sich in der Zwischenzeit das zweite Kostüm und schlüpfte in eine schwarze Strumpfhose und ein einfaches Ritterhemd. Am Schluss folgten noch zwei Kniestrümpfe, und fertig war das Ritterkostüm. Für die Eltern gab es ebenfalls thematisch passende Kleidung. Bewundernd schauten sie einander an, als sie sich umgezogen hatten.

„Mama, du siehst aus wie ein echtes Burgfräulein!", sagte Nikolas.

„Na, bei solch einem edlen Ritter muss ich ja auch mithalten können!", sagte Mama lachend und wuschelte Nikolas zärtlich durchs Haar.

„Dann wollen wir mal", sagte Papa energisch und rieb sich den Bauch.

Der Herold erwartete sie bereits. Auf dem Weg durch die festlich mit Fackeln beleuchteten Gänge erzählte er: „Wir befinden uns hier auf *Schloss Auerbach*, das eigentlich gar kein Schloss, sondern eine Burg ist und im 13. Jahrhundert von der Grafschaft Katzenelnbogen erbaut wurde. Sie hat bereits zahlreiche Kriege überlebt – wenn auch zugegebenermaßen mit einigen Abstrichen. Leider ist nicht alles unversehrt geblieben."

„Dann befinden wir uns also in einer Burgruine?", fragte Lilly und deutete auf ein Schild, auf dem stand: „Achtung – Zurzeit wegen Restaurationsarbeiten gesperrt".

„Genau, edle Dame!", erwiderte der Herold. „Wir sind angekommen."
Mit viel Kraft öffnete er die große schwere Tür zum Großen Festsaal. Beim Anblick, der sich ihnen auftat, verschlug es Lilly und Nikolas regelrecht die Sprache. „Überraschung!", brüllten im selben Moment ungefähr 50 Menschen gleichzeitig in ihre Richtung.

Es war unglaublich: Die gesamte Familie hatte sich eingefunden, um den Anlass der Reise, Mamas und Papas Hochzeitstag, zu feiern, und saß in Rittermahl-Dresscode an einer fürstlich gedeckten Tafel. Ein riesiges Banner hing an der Wand und war mit goldenen Glitzer-Buchstaben bestückt. „15 Jahre Alexandra und Thomas" stand darauf geschrieben.

Mama und Papa hatten Tränen der Rührung in den Augen und drückten Lilly und Nikolas fest an sich. Sie nahmen ihre Plätze ein, und dann konnte das Rittermahl endlich beginnen.

Die Überraschung war gelungen! Alle waren gekommen: Papas Schwester Tante Sarah und sein Bruder Onkel Richard mit seiner Frau Jana und ihren Kindern Marc und Marie. Auch Mamas Schwester Kathi, bei der sie den Großteil der Ferien verbringen würden, war mit ihrem Mann Matthias dabei. Und natürlich Omi und Opi.

Nach dem Essen, das von den Schlossgeistern persönlich serviert worden war, begann ein kunterbuntes Spieleprogramm. „Wer will sich freiwillig der unbarmherzigen Ritterprüfung unterziehen?", fragte der Herold in die Runde. Begleitet von lautem Gelächter und Gekicher gingen einige Hände hoch. „Aha! Da sind ja einige Mutige unter euch!" Er ließ seinen Blick schweifen und zeigte dann auf Nikolas: „Du da, komm her!", forderte er ihn auf.

Nikolas hatte sich zwar gemeldet, aber nun wurde ihm doch ein wenig mulmig zumute. Auf wackeligen Beinen wand er sich durch die Stuhlreihen an seiner Familie vorbei.

Es blieb keine Zeit für Zweifel, denn Nikolas erhielt sogleich seine Aufgabe: Er sollte ganze drei Liter lauwarmen Apfelsaft aus einem

Horn trinken. Er trank zwar unheimlich gerne Apfelsaft, aber selbst er als Apfelsaft-Fan bestand die Prüfung nicht, so sehr er sich auch anstrengte.

Es half alles nichts: Der Herold schickte Nikolas mit den Worten „Nur die Küsse von drei Jungfrauen können dich erretten!" an den Pranger. Glücklicherweise fanden sich schnell drei Freiwillige, die Nikolas ein Küsschen gaben. Nikolas war frei und hatte es geschafft! Nun wurde er doch noch zum Ritter von *Schloss Auerbach* geschlagen.

Es wurde viel gelacht, sie feierten bis tief in die Nacht hinein. Erst nach Mitternacht verabschiedeten sich alle voneinander. Omi und Opi waren schon eine Woche bei Tante Kathi zu Besuch gewesen und blieben nun eine Nacht im Hotel, um dann am nächsten Tag wie die restliche Familie wieder nach Hause zu fahren.

Lilly, Nikolas, Mama und Papa fuhren jedoch mit Tante Kathi und Onkel Matthias nach Korsika, wo sie müde und glücklich in die bequemen Betten der Gästezimmer fielen.

Hoch im Himmel

Am nächsten Tag beim Frühstück waren alle noch etwas verschlafen. Bis auf Fips, den süßesten Hund der Welt, wie Lilly fand.

Papa war mit Onkel Matthias und Fips schon eine Runde joggen gewesen und hatte auf dem Weg frische Brötchen besorgt. Der Duft zog durchs ganze Haus und lockte schließlich auch Tante Kathi an, die als Einzige noch am Tisch fehlte. Matthias reichte ihr zur Begrüßung eine Tasse dampfenden Kaffee, die sie dankbar annahm.

„Na, habt ihr gut geschlafen?", fragte sie in die Runde. Ihre Stimme klang mitgenommen vom lauten Singen auf der Feier.

„Ich habe vom Herold geträumt", sagte Lilly. „Und dass ich die Ritterprüfung bestanden habe."

Nikolas lachte, aber nur, bis er den bösen Blick seiner Schwester bemerkte.

„Ich habe wunderbar geschlafen, vielen Dank!", beeilte er sich zu sagen. „Ich habe schon befürchtet, als Ritter müsste ich mit euch in der ‚Kemenate' schlafen."

„In der Kemenate?", fragte Tante Kathi.

„Das war nicht nur das Schlaf-, sondern auch das Wohnzimmer, und es haben alle Familienmitglieder gemeinsam in einem Bett geschlafen, weil es der einzige beheizte Raum war! Na ja, zumindest, wenn man ein reicher Ritter war, so wie ich einer bin!", erklärte Nikolas.

Mama, Papa und Lilly sahen einander vielsagend an und brachen dann gemeinsam in Gelächter aus.

„Soso, du bist also ein reicher Ritter", sagte Papa lachend. „Dann kannst du uns nachher sicher ein Eis spendieren, oder?"

Nikolas ließ sich auf das Spiel ein und nickte: „Gerne, kein Problem!" Nach einer kurzen Pause fragte er: „Gibt's hier überhaupt eine Eisdiele? Ich will euch nicht zu nahetreten, aber wir sind hier mitten in der Pampa!"

„Na, na! ‚Mitten in der Pampa' würde ich jetzt nicht sagen!", widersprach Matthias.

„Es stimmt schon, zum nächsten Eis muss man ein Stückchen fahren", räumte Tante Kathi ein.

„Und das, obwohl man meinen sollte, auf Korsika gäbe es jede Menge Eis", kicherte Papa vor sich hin. Den Witz konnte er sich nun doch nicht verkneifen.

„Das macht nichts, denn wir haben heute sowieso noch was vor!", fiel Mama ihm ins Wort.

„Habt ihr etwa schon wieder etwas ausgeheckt?", fragte Lilly. Sie mochte Überraschungen, aber man musste es auch nicht übertreiben.

„Mehr oder weniger", sagte Papa und nahm einen großen Bissen von seinem Brötchen. Die selbstgemachte Brombeer-Marmelade aus Tante Kathis Garten schmeckte nach süß-sauren Sommertagen.

„Wir hatten doch vereinbart, dass wir mitentscheiden, was wir hier alles unternehmen wollen!" sagte Lilly. Sie hatte ihr Brötchen schon ganz aufgegessen. Es war aber auch zu lecker gewesen.

„Kann Fips wenigstens mitkommen?", fragte Nikolas.

„Leider nicht! Aber aufgeschoben ist ja nicht aufgehoben. Es gibt sicherlich noch ausreichend Gelegenheiten, Fips mal auf einen Ausflug mitzunehmen!", sagte Mama und fragte dann: „Kinder, ihr wolltet doch so gerne mal klettern gehen, richtig?"

Klettern? Lilly nickte eifrig. Auch Nikolas spitzte die Ohren.

„Die *Jakobswand* in Weinheim ist nichts für relative Anfängerinnen und Anfänger wie euch. Dafür haben wir was anderes Tolles entdeckt: In Viernheim gibt es einen *Hochseilgarten*. Dort könnt ihr in verschiedenen Schwierigkeitsstufen das Klettern weiter üben. Habt ihr Lust?"

Und ob Lilly und Nikolas Lust hatten! So richtig klettern, mit Absicherung in den Baumwipfeln, das hatten sie schon lange mal wieder machen wollen.

„Was? Ihr seid dann heute gar nicht hier? Ich dachte, wir machen erst mal eine ausgiebige Sightseeing-Tour durch den Ort!", sagte Tante Kathi voller eindeutig gespielter Entrüstung.

„Das holen wir nach, Schwesterherz!", sagte Mama, legte ihren Arm um Tante Kathi und gab ihr einen dicken Schmatz auf die Wange. „Ich will schließlich auch Zeit mit dir verbringen!"

„Na ja, dann verschieben wir unsere Tour eben! Wann geht's denn los?", fragte Tante Kathi. „Wollt ihr euch noch ein paar Brötchen schmieren?"

„Das wäre wohl eine gute Idee", sagte Papa. „Wir wollten gleich nach dem Frühstück aufbrechen, damit wir viel Zeit vor Ort haben. Dann können wir ein Picknick machen."

Gesagt, getan! Mama und Papa tranken ihren Kaffee aus, Lilly und Nikolas schmierten die Brötchen, und Onkel Matthias holte ein paar Brotdosen aus der Küche.

Kaum saßen alle fahrbereit im Auto, fragte Lilly ihren Bruder: „Wieso um Himmels Willen weißt du eigentlich, wie Ritter geschlafen haben?"

„Das würdest du wohl gerne wissen, was?" Nikolas ließ es sich nicht nehmen, seine Schwester ein wenig auf die Folter zu spannen.

„Ich auch! Ich will es auch wissen!", rief Mama nach hinten. Sie war in bester Quatschmacher-Stimmung.

„Na gut, aber nur, weil ihr es seid", sagte Nikolas großzügig. „Ich habe gestern noch ein bisschen im Netz recherchiert. Ich finde es einfach total spannend, mehr über das Ritterleben zu erfahren. Und hier hat man anscheinend die besten Voraussetzungen. Entlang der *Bergstraße* stehen über 30 Burgen und Schlösser. Im Odenwald gibt es noch deutlich mehr. Es gibt sogar einen Wanderpfad, den *Burgensteig*."

„Wir werden während unseres Urlaubs sicher noch einige davon sehen. Schaut mal da hinten. Dort oben im Wald sieht man die *Burgruine Windeck* und die *Wachenburg*. Sie liegen beide in Weinheim. Viernheim und unser Kletterabenteuer sind jetzt nicht mehr weit", erklärte Papa.

Es dauerte tatsächlich nicht mehr lange, da waren sie auch schon im Klettergarten angekommen. Die Kletter-Parcours waren nach Farben entsprechend dem Schwierigkeitsgrad gekennzeichnet. Nachdem sie die jeweils passenden Strecken rausgesucht hatten, gingen sie los.

„Ich bin jetzt doch ein bisschen nervös!", sagte Nikolas.

„Ja, ich auch", gab Lilly zu.

„Das ist gut!", sagte eine Frau, die auf sie zukam und sie dabei freundlich anlächelte. „Denn wenn ihr nervös seid, heißt das, dass euer Körper Adrenalin produziert. Das braucht ihr, um euch richtig gut konzentrieren zu können. Falls ihr euch fragt, was Adrenalin ist: Es gehört zu den Stresshormonen, und unsere Vorfahren brauchten das dringend, um in Notsituationen schnell reagieren zu können, zum

Beispiel, wenn der Säbelzahntiger plötzlich vor ihnen stand. Ich bin übrigens Asra und werde euch einweisen. Dann wollen wir mal!"
Lilly und Nikolas stellten sich ebenfalls vor und gingen dann mit Papa und Asra gemeinsam los. Mama suchte sich unterdessen eine Bank und zog ihren neuen Roman aus der Tasche. Asra hatte vergeblich versucht, sie zu überzeugen mitzumachen. „Keine zehn Pferde kriegen mich da hoch!", hatte Mama überzeugend verkündet.
Die anfängliche Nervosität der Geschwister wich schnell dem unglaublichen Spaß, den sie beim Klettern hatten. Hoch oben inmitten

der Bäume zu sein war fantastisch, und obwohl man sich doch sehr konzentrieren musste, machte es richtig viel Spaß. Als sie zur Stärkung beim vereinbarten Treffpunkt mit Mama ankamen, sprudelte es nur so aus ihnen heraus.

„An einer Stelle gab es so ein Balancierband, da musste ich mich echt überwinden. Aber als ich es geschafft hatte, war ich megastolz", erzählte Nikolas noch ganz außer Atem.

„Ja, ich habe auch ein paar Mal gezögert. Mir hat geholfen, nicht nach unten zu schauen. Dann ging es besser, und je weiter ich gekommen bin, desto leichter fiel es mir!", erwiderte Lilly.

Asra hatte mit leuchtenden Augen zugehört und nickte: „Das geht vielen unserer Kletterer und Kletterinnen so, die zum ersten Mal da sind. Meistens ist es das erste und nicht das letzte Mal. Und bei euch habe ich den Eindruck, dass ihr durchaus Feuer gefangen habt, oder täusche ich mich?" Lilly und Nikolas nickten voller Zustimmung.

„Es war richtig toll, vielen Dank, Asra!", erwiderte Papa und warf einen Blick auf die Uhr. „Es ist jetzt Zeit loszufahren, damit wir rechtzeitig zum Essen zurück sind."

Mama legte einen Arm um ihn und warf ihm einen verliebten Blick zu. Lilly und Nikolas hatten es plötzlich ganz eilig, loszukommen. Es war ihnen ein bisschen peinlich, ihre Eltern so zu sehen. Asra schien nichts Komisches daran zu finden. Sie begleitete die Familie noch zum Ausgang. Dort kam ihnen ein Mann entgegen, der ihnen zuzuwinken schien.

„Das ist Jens, mein Freund!", stellte Asra den Mann vor, der ihr vor versammelter Mannschaft erst einmal einen dicken Kuss gab.

„Hi!", sagte Jens in die Runde.

„Lauter Verliebte überall", nuschelte Nikolas und rollte mit den Augen.

Jens, Asra, Mama und Papa schauten einander an und lachten nur.

„Ja, so ist das", sagte Jens. „Ist doch toll, so viel Liebe in der Luft!" Er blickte verträumt in Richtung Asra und wandte sich dann wieder an die Familie: „Seid ihr zum ersten Mal in unserem Kletterpark?"

„Ja, wir sind nur in den Ferien in der Gegend. Genauer gesagt, in Korsika im Odenwald bei unserer Tante Kathi. Eigentlich sind wir hergefahren, weil Mama und Papa in Heidelberg ihren 15. Hochzeitstag feiern wollen", antwortete Lilly.

„Genau. Dort haben sie sich nämlich im Studium kennengelernt, nachdem Mama von Ulm gewechselt hatte", ergänzte Nikolas.

„Ach was! Na, dann müsst ihr unbedingt mal bei uns auf der *Alpakafarm* in Heidelberg-Ziegelhausen vorbeischauen! Ich habe gerade vor ein paar Wochen angefangen, dort zu arbeiten. Ich bin mir sicher, dass es euch dort gefallen wird. Und unsere Alpakas lieben Besuch."

„Was ist denn eine Alpakafarm?", fragte Lilly.

„Gute Frage!", sagte Jens lachend. „Das habe ich mich erst auch gefragt, als ich die Stellenausschreibung las. Die Alpakafarm wurde von Edda vor einigen Jahren vor allem gegründet, um Menschen die Möglichkeit zu geben, mit Hilfe der Alpakas Körper und Seele zu heilen. Inzwischen sind auch alle anderen Besucher willkommen, Zeit mit den Alpakas und all den anderen Tieren zu verbringen. Kommt doch gerne mal einen Vormittag lang vorbei. Ich lade euch höchstpersönlich ein!"

Wie sollten sie solch eine Einladung ausschlagen? Lilly und Nikolas waren begeistert. Eine Alpakafarm in Heidelberg? Das klang außergewöhnlich. Papa und Mama mussten sie auch nicht lange überzeugen. Nachdem Mama und Jens ihre Handynummern ausgetauscht und gleich einen Termin vereinbart hatten, stieg die Familie ins Auto und machte sich auf den Rückweg nach Korsika im Odenwald. Dort wartete schon Tante Kathi mit einer ganz besonderen Überraschung auf sie.

Übernachtung im Heu

„Da seid ihr ja endlich! Ich dachte schon, ihr seid abgestürzt." Tante Kathi stand in der Einfahrt und winkte ihnen aufgeregt zu. Neben ihr saß Fips und bellte laut.

„Quatsch!", rief Mama, die als Erste aus dem Auto stieg und sich erst einmal streckte. „Unsere Kinder sind echte Naturtalente, Kathilein!"

„Wie sollte es auch anders sein bei dem Papa?", erwiderte Tante Kathi mit einem schelmischen Lachen.

„He! Was gibt's denn da zu lachen?", fragte Papa.

„Nix, nix", beeilte sich Tante Kathi zu sagen und wandte sich an Nikolas und Lilly. „Na, ihr zwei Kletter-Genies? Hattet ihr heute Spaß?"

„Es war super, Tante Kathi!", antwortete Nikolas begeistert.

Lilly ergänzte: „Wir wollen so schnell wie möglich wieder klettern üben. Dann können wir bei unserem nächsten Besuch vielleicht doch mal mit Papa die *Jakobswand* erklimmen!"

„Da habt ihr ja große Ziele! Aber jetzt essen wir erst mal zusammen was Leckeres. Matthias hat Gemüse-Lasagne im Ofen und eine Limonade mit Zitronen und frischer Minze aus dem Garten gemacht. Für uns Erwachsene gibt's einen leckeren selbst gekelterten Apfelwein vom Nachbarn." Das ließen sie sich nicht zweimal sagen.

Onkel Matthias' Lasagne schmeckte fantastisch, und die Limonade war ein Traum. Beim Essen erzählten die Kinder vom Kletterpark, von Asra und Jens und seiner Einladung auf die Alpakafarm.

„Mensch, das klingt alles echt spannend. Und von der Alpakafarm habe ich auch gehört, da wollte ich schon länger mal hin. Vielleicht kommen wir da einfach mit – wenn wir dürfen?", fragte Kathi und stand vom Tisch auf.
„Ja klar, ist doch eine schöne Gelegenheit!" Mama hakte sich bei ihrer Schwester unter. Gemeinsam gingen sie alle in den Garten und setzten sich unter die Apfelbäume an den großen Tisch
„Ihr macht einen müden Eindruck, ihr Lieben!", sagte Kathi. „Es ist schon spät, und morgen ist ein langer Tag. Wie wär's, Schwesterherz? Heuboden-Übernachtung bei Willi? Er hätte noch Platz heute."
Kathi blickte Mama und Papa fragend an. Die sahen mäßig begeistert aus.
„Heuboden-Übernachtung bei Willi? Was ist ein Heuboden und wer ist Willi?", fragte Nikolas, der schon ziemlich neugierig geworden war.
„Willi wohnt um die Ecke und bietet Übernachtungen im Heu an. Ich habe ihn heute Morgen gefragt, ob er noch Platz hätte, und ihr habt Glück: Er lädt euch gern zu sich ein. Das ist ein einmaliges Erlebnis, das ihr wirklich nicht verpassen solltet. Nicht wahr, ihr zwei?" Tante Kathi blickte wieder fragend ihre Schwester und ihren Schwager an, die immer noch keinen überzeugten Eindruck machten. Dabei war es längst zu spät: Nikolas und Lilly waren bereits Feuer und Flamme.
„Oh ja, wir packen schnell unsere Sachen", rief Lilly und zog Mama am Arm. „Komm schnell! Das klingt doch total spannend!" Widerwillig ließen sich Mama und Papa ins Haus führen. Lilly und Nikolas hatten in Windeseile alles zusammengepackt und warteten im Flur auf sie.
„Also, ich will ja kein Spielverderber sein, aber ich warne euch vor: Heu piekst!", unternahm Papa einen letzten Versuch, die Kinder doch noch umzustimmen.

Er hatte keine Chance. „Ja, ja, Papa. Wir organisieren dir ein extra dickes Betttuch, damit du schlafen kannst", neckte ihn Nikolas.

Dann ging es los. Sie liefen zu Fuß die Straße entlang, Tante Kathi hatte ihnen den Weg genau erklärt. Und das Beste war: Fips durfte auch mit. Er lief aufgeregt vorneweg, Lilly hatte die Leine fest in der Hand und extra einen Napf und Futter für ihn eingepackt.

„Da vorne muss es sein, in der Scheune dort!", rief Papa und deutete auf ein riesiges Gebäude, das eigentlich eher unscheinbar aussah.

„Bist du dir sicher?", fragte Lilly. „Das sieht gar nicht so aus, als würde es hier Heuübernachtungen geben."

„Eihorrschemaa, isch glaub's ned! Kannsch doim Babba ruhisch glaawe! Des do hinne is die Scheun, wu da hiewollt zum schloofe, odda ned?", tönte es im tiefsten hessischen Akzent hinter ihnen.

Lilly, Nikolas, Mama und Papa drehten sich alle erstaunt um und blickten einem älteren Mann ins Gesicht. Fips schien ihn zu kennen und zog heftig in seine Richtung.

„Guggemol, des is doch de kloone Fips vun da Kathi unnem Matthias. Kum hea, du alder Dreggwatz."

Nikolas warf seinem Vater einen fragenden Blick zu. Derweil ließ Lilly die Leine locker, und Fips lief freudig in die Arme des Unbekannten.

„Sie müssen Willi sein?" Mama hatte sich als Erste gesammelt und hielt ihm die Hand hin.

„Stimmt genau!", rief er, während er Mamas Hand fest drückte.

„Der kann ja auch Hochdeutsch sprechen!", raunte Lilly ihrem Vater zu.

„Na klar, junge Dame. Awwa mia machts hald Spaß, die Leids in moina Muddasproch zu begriesse un die ganse bedröbbelde Gsichta ozugucke!"

„Ich verstehe nur Bahnhof!", gab Lilly zu.

Willi lachte und sagte: „Das ist hessisch, Kinder! Hier bei uns reden wir alle so – okay, viele. Es gibt noch weitere Dialekte im Odenwald-Gebiet. Das liegt nämlich nicht nur in Hessen, sondern auch in Baden-Württemberg und Bayern."

Dann zeigte er ihnen den Weg in die Scheune. Fips wich ihm nicht mehr von der Seite.

„Ihr habt's gut erwischt, ihr seid die Einzigen heute. Sonst habe ich oft volles Haus. Ihr könnt euch euer Bett aussuchen!"

Lilly und Nikolas hatten sich schnell entschieden und legten ihre Sachen ab.

Willi erklärte ihnen noch, wo sie zur Toilette gehen konnten, und fragte dann: „Wollt ihr auch ein paar Wörter Hessisch lernen?"

„Na klar!", grinste Papa.

„Hä? Koannschde des noch emol wiederhole?", erwiderte Willi sofort.

Nikolas kriegte sich vor Lachen nicht mehr ein. „Hahaha, Mama! Hast du das gehört?"

„Ja, mein Schatz, das habe ich!", sagte Mama.

„Und jetzt alle: Hä? Koannschde des noch emol wiederhole?", legte Willi nach, den das Schauspiel sichtlich amüsierte.

Lilly, Nikolas und Papa sprachen alle mit, Mama hielt sich dezent zurück.

Später, als sie alle im Heu lagen, übten sie noch einmal das Gelernte. Da konnte Mama nicht mehr und rief: „Das heißt übrigens ‚Wie bitte'!" Kaum hatte sie es ausgesprochen, war es um alle geschehen, und es setzte ein regelrechter Lachanfall ein, der nur langsam wieder abebbte. Schließlich schliefen sie dann aber alle ein, sogar Papa, den das Heu nun wohl doch nicht so sehr pikste.

Aber die Ruhe währte nicht lange. Mitten in der Nacht rüttelte Nikolas plötzlich an Papas Arm: „Papa! Papa! Wach auf!", flüsterte er.

„Was ist denn los, Nikolas?", fragte Papa. Er hatte die Augen noch geschlossen und drehte sich murmelnd zur Seite. Er mochte es gar nicht, geweckt zu werden.

Nikolas ließ nicht locker: „Papa!" rief er diesmal so laut, dass Mama sich sofort kerzengerade aufsetzte.

„Was ist passiert?!", fragte sie hellwach und weckte dadurch auch Lilly auf, die sich die Augen rieb.

„Hört ihr das Geräusch?", fragte Nikolas.

Alle hielten den Atem an, auch Papa horchte angestrengt in die Dunkelheit.

Und tatsächlich, da war es: Ein leises Scharren, wie ein Kratzen, das zwischendurch fast schon wie ein Schmatzen klang.

Plötzlich kam Leben in die Bude. Mama versuchte, die Taschenlampen-Funktion auf ihrem Smartphone einzuschalten, und Nikolas eilte ihr zu Hilfe. Als sie es endlich geschafft hatten, das Licht anzubekommen, leuchteten sie ins Dunkel hinein. Aber sie konnten nichts entdecken.

„Ich sehe nichts!", sagte Nikolas und gähnte.

„Ich auch nicht!", bestätigte Mama.

„Dann sucht doch bitte weiter!", rief Papa.

Lilly hatte sich neben ihn unter die Decke verzogen und lugte nur noch mit den Augen hervor. Das Geräusch war ihr nicht geheuer. Gerade, als sie wieder ganz unter die Decke verschwinden wollte, machte es einen Satz, und sie sahen eine kleine Maus vorbeihuschen. Papa und Lilly entfuhr ein Schrei, schließlich schliefen sie nicht jede Nacht mit einer Maus gemeinsam im Heu.

Mama und Nikolas blieben hingegen gelassen. Vor einer Maus brauchte man doch keine Angst zu haben! Aber als sie in Papas und Lillys Gesichter sah, kletterte Mama aus dem Heubettlager und drehte das große Licht an. Fips, der zunächst noch ganz verschlafen gewesen war, bellte nun laut drauflos.

„Da hinten läuft sie!", rief Nikolas.

„Oh ja, ist die süß!", meinte Mama verzückt. Fips verstummte und rollte sich neben Mama ein, als hätte er begriffen, dass keine Gefahr drohte.

Papa grunzte etwas Unverständliches vor sich hin, Lilly ließ die Maus nicht mehr aus den Augen.

„Stimmt, irgendwie schon!", meinte sie schließlich.

„Die wollte sicher nur mal nach Papa schauen, ob ihn das Heu zu sehr piekst", kicherte Nikolas.

„Haha, sehr witzig. Mach dich nur lustig über deinen Papa!"

Obwohl die Maus unterdessen in ihrem Mauseloch verschwunden war, war an Einschlafen erst einmal nicht zu denken.

Erst nachdem Papa einige Gute-Nacht-Geschichten erzählt hatte, schlummerten alle wieder ein.

Die restliche Nacht blieb unspektakulär ohne weitere Besuche, und sie wurden erst am nächsten Morgen von Willi mit „Gemorje, habda gud gepennt?" geweckt.

Das hieß in etwa: „Guten Morgen, habt ihr gut geschlafen?" So viel verstanden sie inzwischen immerhin.

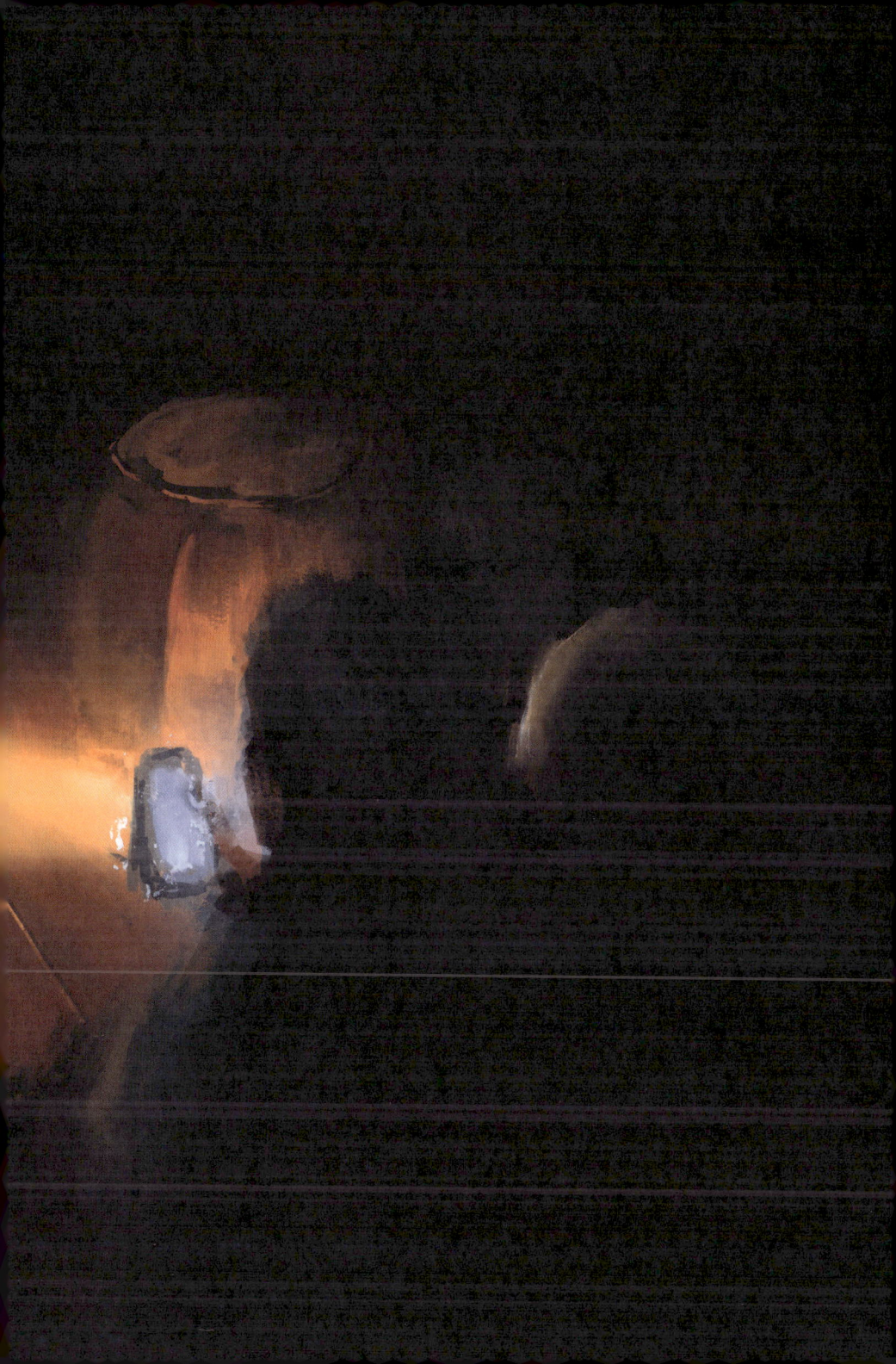

Ein Date mit dem Grüffelo

Nachdem sich alle von Willi verabschiedet, Danke gesagt und sich mit Hilfe einer ausgiebigen Dusche vom restlichen Heu befreit hatten, saßen sie gemeinsam in Tante Kathis Wohnzimmer und überlegten, was sie an diesem Tag wohl unternehmen könnten.

„Wie wäre es mit Eis?", fragte Nikolas hoffnungsvoll.

„Ehrlich gesagt, würde ich einfach mal gerne hierbleiben", gähnte Mama, die noch ziemlich angeschlagen von der Nacht war. „Morgen treffen wir ja auch schon Jens auf der Alpakafarm. Ich finde, da ist ein Tag Pause auch mal drin, meint ihr nicht?"

Sie beschlossen, es sich erst einmal mit ein paar Büchern im Garten gemütlich zu machen. Kathi holte die Picknickdecke heraus, und Matthias probierte ein neues Limonaden-Rezept aus.

Lilly nahm sich die Tageszeitung vor und schlug die Kinderseite auf. Sie suchte gleich das Kreuzworträtsel, und auch Nikolas wollte gerne mitmachen. Gemeinsam schafften sie es in Windeseile, die Kästchen zu füllen – bis auf eines …

„Was soll das denn sein? ‚Charmanter Kinderschreck mit neun Buchstaben'", fragte Lilly laut.

Eine unbekannte Stimme antwortete: „Grüffelo! G-R-U-E-F-F-E-L-O."

„Ähm. Hallo?" Nikolas stand auf und ging in die Richtung, aus der die Stimme gesprochen hatte. Hinter dem Zaun stand ein Junge mit knallroten Stoffsneakers. Er musste ungefähr in Nikolas' Alter sein.

„Hi!", sagte er. „Ich bin David."

„Oh, hi, David!" Nikolas stellte sich und seine Schwester vor und bedankte sich dann für die unverhoffte Hilfe.

„Gern geschehen. Meine Mama hat mir erzählt, dass Kathi und Matthias Gäste haben. Wir wollen heute in den *Weinheimer Wald*. Habt ihr schon Pläne?"

„Hm, unsere Eltern wollen einen Tag Pause machen", antwortete Lilly, die sich zu Nikolas und David an den Zaun gesellt hatte. „Deshalb haben wir nichts Bestimmtes vor." David sah ziemlich gut aus, und ihr Herz machte einen seltsamen Sprung, als sich ihre Blicke begegneten.

„Dann kommt doch mit uns mit!", rief in dem Moment eine Frau, die gerade die Terrasse betrat.

„Das ist meine Mama Silvia. Mama, das sind Lilly und Nikolas", stellte David sie einander vor. „Super Idee! Ich fänd's cool, wenn ihr dabei wärt! Dann seht ihr den Grüffelo auch mal in echt."

„Ihr braucht nur waldfeste Kleidung, also lange Hosen und lange Oberteile sowie gutes Schuhwerk. Hier in der Gegend gibt's viele Zecken, deshalb ist das sinnvoll. Oder ihr sprüht euch ordentlich mit Anti-Zecken- und Mückenspray ein. Und wir wollen auch ein Picknick machen. Daher backt meine Liebste schon fleißig Waffeln. Ich kann euch nur empfehlen mitzukommen! Evas Waffeln sind legendär! Und sie macht sowieso immer viel zu viele davon", sagte Silvia.

„Das klingt wunderbar!", sagte Lilly.

Ihre Eltern hatten nichts gegen einen Ausflug mit den Nachbarn einzuwenden, und eine Viertelstunde später waren sie schon mit dem Auto unterwegs in den *Weinheimer Wald*.

„Ich nehme ja eigentlich viel lieber die öffentlichen Verkehrsmittel, aber seit ich hier in Korsika wohne, geht's fast nicht anders. Das hätte ich mir auch nicht träumen lassen, dass ich mal in Korsika lebe." Eva lachte und warf David einen Blick im Rückspiegel zu. Dann fügte sie hinzu: „Aber was soll ich machen, ich habe mich gleich dreimal verliebt: Erst in meine Silvia, dann in David, meinen Bonussohn, und letztlich auch in die Gegend. Da blieb mir nichts anderes übrig, als meine Jahreskarte für die Öffis gegen ein Auto zu tauschen. Inzwischen setze ich mich für eine bessere Infrastruktur hier ein. Und immerhin ist das Netz in der Region mit S-Bahn ganz gut ausgestattet. Man muss halt nur erst mal hinradeln."

Silvia drückte liebevoll Evas Arm und sagte: „Und das sehr erfolgreich, Frau Bürgermeisterin."

„Hättest du dir ja denken können, dass Korsika attraktiver ist als Berlin!", rief David.

„Ach, du bist auch Berlinerin?", fragte Nikolas.

„Da kiekste, wa?", legte Eva gleich los.

„Wie lange dauert es denn noch?", unterbrach David sichtlich ungeduldig den kurzen Austausch in Berliner Dialekt.

„Oje, wird dir wieder schlecht, Hase?", fragte Silvia und drehte sich besorgt nach hinten um.

„Mom!" David wurde ganz rot und schaute konzentriert aus dem Fenster.

„Entschuldigung!" Silvia blickte in den Rückspiegel, und Eva unterdrückte ein Kichern.

Lilly und Nikolas fühlten mit David mit. Sie kannten diese peinlichen Situationen natürlich auch, wenn ihre Mutter sie vor anderen bei ihren Kosenamen nannte.

„Sag mal, David, was meintest du eigentlich vorhin damit, dass wir den Grüffelo ‚in echt' sehen?", fragte Lilly, um das Thema zu wechseln. Und zu Nikolas gewandt, sagte sie: „Weißt du noch, die Geschichte hat uns Omi immer vorgelesen." Die Geschwister erinnerten sich an die Maus, die den fürchterlichen Grüffelo erfindet, um von den hungrigen Waldtieren nicht gefressen zu werden, und dann tatsächlich auf das Ungeheuer trifft, nur, um es ebenfalls reinzulegen.

„Tja, das werdet ihr gleich sehen!", kündigte David an, als das Auto endlich auf einem Parkplatz hielt.

Nun waren Lilly und Nikolas neugierig geworden.

„So, jetzt haben wir es fast geschafft!", sagte Silvia. „Bevor wir losgehen: Wir sind hier nicht nur, um leckere Waffeln zu essen, sondern auch, weil wir unsere Fähigkeiten als Fährtenleserinnen und Fährtenleser trainieren wollen. Im Wald gibt's ja die verschiedensten Tiere – und die wollen wir entdecken. Dafür lohnt es sich, auf die Spuren zu achten. Und wer weiß – vielleicht entdeckt ihr so ja auch das Wald-Ungeheuer."

So machten sie sich auf in den *Weinheimer Wald*, um nach Spuren Ausschau zu halten. Silvia und Eva gingen hinter den Kindern her, die beim Spurensuchen ins Gespräch gekommen waren.

„Das gibt's ja nicht!", rief Lilly. „Ich gehe auch total gerne ins Ballett!" Sie konnte es kaum glauben: David war wie sie leidenschaftlicher Tänzer, und so unterhielten sie sich eine ganze Weile über Musik, Tanzstile und Training. David tanzte Hip-Hop in einer Formation im Heidelberger Jugendhaus und hatte schon ziemlich erfolgreich an Wettbewerben teilgenommen.

Lilly hörte gerade voller Bewunderung Davids Schilderungen zu, als Eva ihnen zurief: „He, schaut mal, da vorne! Wir kommen dem Wald-Ungeheuer näher!" Ein Hinweisschild führte sie auf den *Grüffelo-Lehrpfad*.

„Der Grüffelo ist eine echte Berühmtheit, vor allem hier, in unserer Region. Ich habe vorab bei der Tourist-Information einen Lageplan geholt, der Pfad ist nämlich relativ neu, und wir waren auch noch nicht hier", sagte Eva und gab den Plan an die Kinder weiter. „Hier könnt ihr alle acht Figuren sehen, die es zu bewundern gibt. An jeder

Station dürft ihr eine Frage zu der jeweiligen Figur beantworten und dazu, in welchem Verhältnis sie zum Grüffelo steht. Am Ende erhaltet ihr dann ein Lösungswort, mit dem ihr euch bei der Touristinfo am Marktplatz ein kleines Geschenk abholen könnt."

„Oh, das ist ja cool!" Nikolas betrachtete die Übersicht und fing an zu grübeln.

„Hm ... Ich weiß gar nicht, ob ich mich noch an jedes Detail der Geschichte erinnern kann", bemerkte David.

Nikolas stupste Lilly an, die David verträumt anstarrte. „Ach, zusammen bekommen wir das bestimmt gelöst!", versicherte sie David und nickte ihm aufmunternd zu.

Schon nach wenigen Metern erblickten sie den Fuchs. Die Kinder lösten das erste Rätsel und notierten sich den Lösungsbuchstaben für diese Station. Später folgten noch die Eule und andere Waldtiere. Es war nicht immer leicht, die Fragen zu beantworten, aber sie schlugen sich tapfer.

Als sie ein ganzes Stück bergauf gegangen waren, entdeckte Nikolas eine Ruine, die zwischen den Bäumen hervorblitzte. „Hier gibt es auch eine alte Burg?", fragte Nikolas.

„Ja, davon haben wir in der Tat reichlich", sagte Silvia und lachte. „Wir befinden uns gerade auf dem Weg dorthin, der *Grüffelo-Lehrpfad* führt nämlich auch zur *Burgruine Windeck*."

„Es lohnt sich bei jeder raufzusteigen! Hält einen fit", meinte David. „Windeck bei Sonnenuntergang ist übrigens der Hammer!"

„Ich mag Burgen und Schlösser!", sagte Lilly lächelnd in seine Richtung. Nikolas spürte, dass Lilly sehr begeistert von David war – vielleicht sogar ein bisschen zu begeistert.

Er nutzte die kurze Pause und erzählte von seiner Ritterprüfung. „Ich würde am liebsten jede einzelne Burg besuchen", schloss er.

„Gut, dann machen wir doch direkt mit der *Burgruine Windeck* weiter. Die gibt es seit dem 12. Jahrhundert, und sie wurde, wie der Name ‚Ruine' schon verrät, mehrfach zerstört. Die jetzigen Gemäuer stammen wohl eher aus dem 14. Jahrhundert. In den Sommermonaten kann man auch im Biergarten sitzen und was trinken und essen", erklärte Silvia und ging voraus. Die anderen folgten ihr auf dem Weg, der nun steil nach oben führte.

„Hey, was ist das denn? Ich glaube, ich habe ein echtes Tier statt einer Figur entdeckt!" Nikolas zeigte auf den Weg vor sich und blieb wie angewurzelt stehen. Dort schlängelte sich etwas quer über den Pfad. „Das sieht aus wie eine Schlange!", rief Eva wenig begeistert. Ihre Stimme war plötzlich erstaunlich hoch und irgendwie quietschig.

„Ich glaube, du hast recht, Eva!", stimmte Silvia ihr zu. „Bleibt alle ruhig stehen!" Aber zu spät: Die Schlange hatte sie bereits entdeckt und bäumte sich mächtig gefährlich dreinblickend auf.

„Oje, was jetzt?", fragte Eva sichtlich schockiert. Auch Lilly, Nikolas und David war auf einmal mulmig zumute. So etwas hatten sie bisher nur in Filmen gesehen.

„Keine Angst!", meinte Silvia. „Das ist eine Ringelnatter, die gibt es hier öfter. Man erkennt sie an der

gelben Kopfzeichnung. Wenn sie sich aufregen, bäumen sie sich auf. Dadurch wirken sie gefährlich, sind aber völlig harmlos. Wir lassen sie einfach in Ruhe, sie wird sich gleich wieder ins Dickicht verziehen."
Und so war es auch. Nachdem sich die Ringelnatter verabschiedet hatte, gingen sie alle erleichtert weiter.

Nur Sekunden später zeigte Eva auf eine riesige Skulptur an der Ecke vor ihnen: „Da sind wir auch schon. Darf ich vorstellen? Der Grüffelo höchstpersönlich!"
Am Wegesrand ragte eine riesige Figur aus Holz aus dem Boden. Sie hatte Klauen an den Händen, Zacken am Rücken, leuchtend gelbe Augen und Hörner im Gesicht.
Lilly und Nikolas ließen sich von David mit dem Grüffelo fotografieren und schickten gleich ein Bild an Mama und natürlich auch an Omi.
„Haben wir ansonsten jede Figur gesehen und jedes Rätsel gelöst?", fragte Eva in die Runde. „Der Grüffelo sollte die letzte Figur auf dem Pfad sein."
„Die Schlange haben wir heute ja sogar lebendig erleben dürfen", sagte Silvia und rollte mit den Augen. „Auf diesen Schreck gönnen wir uns jetzt mal ein Picknick, oder?"
Sie suchten sich ein geeignetes Plätzchen, legten die Picknick-Decke auf den Boden und stärkten sich an den selbstgemachten Waffeln. Silvia hatte nicht zu viel versprochen: Sie schmeckten überragend.
„Wurde dafür eigentlich extra ein Baum gefällt?" Nikolas schob das letzte Stück seiner Waffel in den Mund und deutete auf den Grüffelo. Lilly sagte: „Nikolas engagiert sich für den Umweltschutz!"

„Das ist doch super! Solche Kinder brauchen wir!", erwiderte Eva voller Anerkennung. „Und Nikolas, ich kann dich beruhigen: Das war einmal die sogenannte *Weinheimer Römereiche*, ein fast 300 Jahre alter Baum, der seinen Namen dem Standplatz an der Römerbrücke verdankt! Leider wurde das Weinheimer Naturdenkmal im Jahr 2018 durch einen Sturm so stark beschädigt, dass der Baum gefällt werden musste. So hat er nun einen wunderbaren neuen Standort, an dem er den Grüffelo verewigt."

„Wieso steht er eigentlich überhaupt hier?", fragte Lilly.

„Das liegt daran, dass die Grüffelo-Geschichte in deutscher Fassung im Beltz Verlag erschienen ist, und der hat seinen Sitz hier in Weinheim", erklärte Silvia.

„Meine Mom arbeitet dort als Programmleiterin", fügte David hinzu.

„Cool! Du entscheidest also mit, welche Bücher bei euch veröffentlicht werden?", sagte Nikolas.

„Genau!", erwiderte Eva und warf einen Blick auf die Uhr. „Wenn wir noch auf die *Burgruine Windeck* wollen, müssten wir uns langsam aufmachen." Während sie zusammenpackten, tauschten sie sich über ihre liebsten Kinderbücher aus.

Eine unverhoffte Party

Auf dem Heimweg unterhielten sie sich über die abwechslungsreiche Geschichte der *Burgruine Windeck,* als plötzlich Davids Smartphone das Gespräch mit lautem Klingeln unterbrach. Es ertönte die Melodie von Lillys aktuellem Lieblingslied. Sie war hin und weg: David mochte auch noch dieselbe Musik wie sie! Wenn das mal kein Zeichen war!

„Hallo, David", sagte ein Mann, der auf dem Display zu erkennen war. Er sah David sehr ähnlich.

„Hi, Dad!", antwortete David prompt.

„Na, mein Lieblingssohn? Wie geht's dir? Bist du bereit für heute Abend?"

„Klar!", sagte David.

„Wo steckst du denn?", wollte sein Vater wissen.

„Wir sind gerade noch im Weinheimer Wald auf dem Rückweg zum Auto – also Mom und Mama und dann noch Lilly und Nikolas. Sie sind aus Berlin zu Besuch bei Kathi und Matthias. Wir haben sie mitgenommen zu einem Date mit dem Grüffelo."

Davids Vater lachte und erwiderte dann: „Hi, Lilly, hi, Nikolas, schön, euch kennenzulernen! Na, da seid ihr ja in bester Gesellschaft! Hi, Silvia und Eva!"

Alle beugten sich über das kleine Display und winkten. Dann wandte sich Davids Vater an Lilly und Nikolas: „Sagt mal, habt ihr Lust auf eine weitere Burgbesichtigung?"

„Keine Frage! Natürlich!", rief Nikolas begeistert. „Wann und wo denn?"

„Ihr müsstet spontan sein: Die Party auf der *Strahlenburg* steigt schon heute am späten Nachmittag – mit euch, wenn eure Eltern es erlauben. Ach, und ihr bräuchtet einigermaßen schicke Kleidung!"

„Jeremy und seine Annika heiraten nämlich heute Abend!", erklärte Silvia. „Annika ist die neue Frau an der Seite meines Ex-Mannes." Sie machte eine kurze Pause und fügte dann mit einem Augenzwinkern hinzu: „Ich weiß immer noch nicht so recht, wie er sie verdient hat, nicht wahr, Jeremy?"

„Oh! Eine Hochzeit?!", fragte Lilly aufgeregt.

Jeremy nickte und strahlte über das ganze Gesicht.

„Was liegt hier nur in der Luft? Überall Liebe …" Nikolas blickte in Richtung Lilly, die neben David stand, rollte übertrieben mit den Augen und schüttelte den Kopf. Lilly wurde ganz rot, und David rückte instinktiv ein kleines Stückchen von ihr ab.

„Ja, ja, die Liebe … Also, sehen wir uns heute Abend auf der *Strahlenburg* zur Feier der Liebe zwischen mir und meiner Liebsten?" Jeremy lachte wieder.

Lilly und Nikolas versprachen, gleich Bescheid zu geben, sobald sie ihre Eltern um Erlaubnis gebeten hatten, und David beendete den Video-Anruf.

Zu Hause angekommen, blieb keine Zeit, den erwartungsvollen Eltern vom Ausflug zu berichten. Stattdessen erzählten sie von Jeremys Einladung zur Hochzeitsfeier. Natürlich hatten Mama und Papa nichts dagegen und halfen mit, passende Kleidung zu finden.

„Mein Engel, wenn du willst, darfst du dir meine besonderen Ohrringe ausleihen. Und ich kann dir eine Frisur flechten." Mama war nun ganz vom Hochzeitsfeier-Fieber angesteckt und machte sich gleich daran, ihrer Tochter die Haare zu bürsten. Ein schönes Kleid hatte Lilly sowieso immer im Koffer, worüber sie jetzt froh war.

Nikolas lieh sich ein Hemd von David, das ihm ausgezeichnet passte, und dann ging es los. Mama und Papa begleiteten Nikolas und Lilly stolz nach draußen. Silvia und Eva erwarteten sie bereits, sie trugen jeweils einen schicken Anzug.

„Wow! Ihr seht sehr elegant aus!", sagte Eva zu Lilly und Nikolas und pfiff anerkennend durch die Zähne. Lilly lugte verlegen in Davids Richtung, der in seinem dunklen Anzug mit dem hellblauen Hemd darunter einfach umwerfend gut aussah.

Als sie gerade gemeinsam zu Evas und Silvias Auto laufen wollten, trauten sie ihren Augen kaum: Auf dem Hof fuhr eine riesige schwarze Limousine vor.

„Darf ich bitten?", fragte der Chauffeur, und sie stiegen ein.

Im Innern war es nicht minder atemberaubend: Es standen Bowle und Becher bereit. Mama und Papa winkten zum Abschied und schossen ein Foto nach dem anderen. Selbst Nikolas konnte nichts dagegen sagen, denn es war nicht irgendeine Limousine, sondern eine elektrisch betriebene! Zufrieden schlürfte er seinen Punsch.

David räusperte sich und unterbrach die Stille: „Leute, ich muss euch noch was sagen. Ich werde heute Abend als Überraschung für meinen Dad und Anni – so nenne ich meine Bonusmutter – mit meiner Crew auftreten. Wir haben ein cooles Programm zusammengeschnürt.

Würdet ihr mithelfen, den Auftritt geheim zu halten? Und: Könntet ihr vielleicht die Musikanlage bedienen?"

Lilly verschluckte sich ein wenig an ihrer Bowle, und Nikolas verkniff sich ein Kichern. Seine Schwester war ja echt total verknallt in David! Aber er musste zugeben, David war schon ein ziemlich cooler Typ.

„Klar helfen wir dir!", sagte Nikolas. Sie konnten es kaum erwarten.

Die *Strahlenburg* war in der Dämmerung in ein goldenes Licht getaucht, und vor dem Eingang standen im Hof überall weiße Stehtische, die festlich geschmückt waren. Überall gab es Blumen und Kerzen. Der Blick ins Tal zeigte Schriesheim mit seinen unzähligen kleinen Häusern und den zwei Kirchtürmen. Die grünen Weinberge bildeten eine Verbindung zwischen Stadt und Burg, wie ein grüner Teppich.

Davids Papa Jeremy und die Braut Anni begrüßten alle herzlich, und es wurde viel gelacht. Silvia und Eva mischten sich unter die Gäste, und die drei Kinder nahmen auf einer der mit Hussen und Blumen geschmückten Bänke Platz. David vertraute ihnen an, dass seine Crew einen Flashmob geplant hatte. Die Crew-Mitglieder würden sich also einfach allesamt unter die Gäste mischen. Dann sollten Nikolas und Lilly auf ein Zeichen die Musik anstellen, und die einzelnen Tänzer und Tänzerinnen würden sich formieren. Lilly fand die Idee klasse. Sie war schon ganz aufgeregt.

Kurz bevor es so weit war, kam David jedoch mit betrübter Miene auf sie zu. Irgendwas schien nicht zu stimmen.

„Ich fasse es nicht! Charlie ist krank geworden und kann nicht kommen! Er war für den Solo-Part eingeplant. Was mache ich denn jetzt?" Verzweifelt ließ er den Kopf hängen und schlug die Hände vor die Augen.

Nikolas warf seiner Schwester einen vielsagenden Blick zu. Sie verstand, was er meinte, und schüttelte unmerklich den Kopf. Doch es war zu spät, David hatte den Blick auch bemerkt und rief: „Na klar! Da hätte ich ja gleich drauf kommen können. Lilly, springst du für Charlie ein? Wir spielen ein Medley und es gibt einen Part mit klassischer Musik. Das ist wie gemacht für ein Ballett-Solo. Bitte, sag ja! Du kannst uns doch als Tänzer-Kollegin jetzt nicht hängen lassen!"

Lilly tippelte nervös von einem Fuß auf den anderen. Das machte sie immer, wenn ihr unbehaglich zumute war.

Nikolas knuffte sie in die Seite und flüsterte ihr zu: „Komm schon, das schaffst du mit links! Jetzt kannst du zeigen, wie gut du bist!"

Lilly fasste sich ein Herz, holte tief Luft und sagte dann: „Okay, ich mach's!"

David schloss sie vor Erleichterung stürmisch in die Arme und drückte ihr einen Kuss auf die Wange. Lilly spürte im ganzen Körper Schmetterlinge. Wahnsinn, dieses Gefühl. Und nun würde sie auch noch mit David tanzen!

Als das erste Lied einsetzte, blickten sich die Gäste erstaunt um. Weshalb war die Musik plötzlich so laut gedreht? Aus der Gruppe lösten sich nach und nach die Tänzer und Tänzerinnen der Crew und fanden vor der Burgmauer zusammen. Im Gegenlicht sah man sie perfekt synchron tanzen – allen voran David, der wirklich richtig talentiert war. Die Gäste waren begeistert. Sie klatschten mit, bewegten sich im Takt der Musik und grölten anerkennend.

Und dann war es so weit: Lillys Einsatz. Die Musik änderte sich, und sie bewegte sich zum Takt des Liedes auf David zu. Die Zeit schien still zu stehen, als David Lilly hochhob. Erst als sie wieder auf dem Boden ankam und sich alle zu tosendem Beifall verneigten, wurde ihr bewusst, dass sie es geschafft hatte. Jeremy und Anni schlossen alle in die Arme und bedankten sich überschwänglich. Die Überraschung war gelungen!

„Danke, Lilly, dass du eingesprungen bist! Du hast die ganze Performance gerettet! Du hast echt was gut bei mir!", raunte David Lilly zu.

„Ach was, das habe ich doch gerne gemacht!", erwiderte Lilly glücklich.

Ein neuer Freund

„Ach, schaut mal, da hinten sind sie alle!", rief Tante Kathi am nächsten Vormittag verzückt. Eine ganze Herde Alpakas stand genüsslich kauend in einem großzügigen Gehege. Fips flitzte aufgeregt hin und her.

Als Lilly die Weide mit den flauschigen Vierbeinern erspähte, rannte sie los. „Kommt!", rief sie den anderen zu. Fips war Feuer und Flamme und direkt an ihrer Seite. „Die sind total süß! Die riesigen, weichen Ohren und die großen braunen Augen!" Sie war restlos begeistert.

Die Alpakas ließen sich gern stören und kamen neugierig auf die Besucher zu. Durch das flauschige Fell hindurch blickten sie die Gäste mit ihren Knopfaugen interessiert an und klimperten mit den endlos langen Wimpern. Dabei kauten sie unablässig, als hätten sie Kaugummi im Mund. Im selben Moment traten aus der Holzhütte zuerst eine Frau und gleich danach Jens heraus.

Als Jens Lilly erblickte, winkte er ihr zu. „Hi, Lilly! Bist du etwa allein hergekommen? Oder wo hast du die anderen versteckt?".

„Wir sind auch da!", schnaufte Papa mit Mama, Tante Kathi und Nikolas im Schlepptau um die Ecke.

„Schön, dass ihr es auch geschafft habt! Ist hier ein bisschen bergiger als in Berlin, gell?", sagte Jens und grinste. Dann zeigte er auf die Frau neben ihm: „Das ist übrigens meine Lieblingschefin Edda, von der ich euch ja schon erzählt habe. Ihr gehört die *Alpakafarm* hier in Heidelberg-Ziegelhausen."

Edda lachte geschmeichelt, und nachdem sich alle begrüßt hatten, stellten sie noch den kleinen Fips vor.

„Du bist ja ein Süßer! Schön, dass ihr alle da seid und euch für unsere Alpakafarm interessiert. Jens, willst du den Erwachsenen mal das Gelände zeigen? Und ich zeige Nikolas und Lilly, was wir heute machen wollen?", schlug Edda vor.

Als Jens mit Tante Kathi, Mama und Papa um die Ecke gebogen war, nahm Edda Lilly und Nikolas mit: „Die anderen Kinder warten sicher schon auf uns. Wir haben heute einiges vor. Ausmisten, Füttern und Fellpflege natürlich."

Fips hatte sich erst gar nicht entscheiden können, mit wem er mitgehen wollte. Er war ein paar Mal unentschlossen hin und her gerannt, denn er mochte es gar nicht, wenn sich seine Familie, die er als sein Rudel beschützen wollte, aufteilte. Schließlich hatte er sich dann doch für Tante Kathi entschieden.

Vor dem Futterhäuschen warteten zwei Jungs und ein Mädchen. „Hi, ich bin Lilly. Das ist mein Bruder Nikolas", stellte Lilly sie beide vor.

„Ich bin Anton, und das ist mein großer Bruder Emil", erwiderte der rothaarige Junge.

„Und ich bin Marie", sagte das Mädchen, das ungefähr so alt war wie Lilly. Lilly mochte Marie auf Anhieb. Sie trug ein bunt geblümtes Sommerkleid und hatte viele Sommersprossen im Gesicht.

„Marie und Lilly, ihr könntet mal die Säcke aus dem Schuppen holen, in die wir das Heu für die Alpakas füllen. Nikolas, hilfst du uns, Emil mitsamt seinem Rollstuhl sicher nach oben zu bringen? Vorher holen wir noch die Bürsten, die kannst du, Emil, auf den Schoß nehmen, oder? Und Anton, du nimmst bitte noch die Jacken mit. Es ist zwar vermutlich zu warm, aber sicher ist sicher."

So machten sie es. Edda schob Emil zum Häuschen, und Nikolas ging neben den beiden her. Anton lief zur Bank, um die Jacken zu holen. Lilly und Marie machten sich auf zum Unterstand. „Wohnst du hier in Heidelberg?", fragte Lilly Marie.

„Ja, ich wohne in der Altstadt! Und du? Du warst noch nie hier, oder?"

„Nein, heute zum ersten Mal. Wir sind zu Besuch bei unserer Tante Kathi im Odenwald. Jens haben wir beim Klettern in Viernheim kennengelernt, weil dort seine Freundin arbeitet. Er hat uns hierher eingeladen. Ich finde die Alpakas sooooo süß!", erzählte Lilly ihrer neuen Freundin.

„Ja, ich finde sie auch total goldig!", sagte Marie. Sie strahlte Lilly an. „Ich komme so oft wie möglich hierher. Gregor ist der Kleinste, den mag ich ganz besonders gerne. Der ist noch ganz tapsig auf den Beinen unterwegs. Und er lässt sich liebend gerne kraulen."

Mit den Säcken für das Heu gingen die beiden Mädchen zu den anderen zur eingezäunten Weide. Aber die Alpakas waren nirgends mehr zu sehen.

„Wo stecken die denn alle?", fragte Nikolas. „Eben waren sie doch noch da."

„Die sind bestimmt wieder hinten auf der Weide, oder, Edda?", sagte Emil und schob seinen Rolli ganz dicht an den Zaun.

Edda schaute auf ihre Uhr. „Ja, das könnte hinkommen. Meine Alpakas lieben Rituale. Ich rufe sie jeden Tag zur gleichen Zeit zurück", sagte sie. Sie öffnete das Gatter, und die Kinder folgten ihr auf die Wiese.

Edda pfiff durch die Zähne und rief: „Kommt, meine Lieben. Kommt her!" Keine Minute später erschien das erste Alpaka hinter dem Baum. Dahinter folgten die anderen der Reihe nach.

„Das ist Maike", erklärte Marie und zeigte auf ein weißes Alpaka. „Da kommen Fritz und Shiva. Und der Kleine ist Gregor."

Ein Alpaka war süßer als das andere, fand Lilly. Fasziniert schauten sie den Tieren zu. Als sich Maike, Fritz, Shiva und Gregor plötzlich in eine Kuhle fallen ließen, um sich genüsslich in der Erde zu wälzen, mussten alle lachen. Es sah einfach zu lustig aus, wie die Alpakas plötzlich alle viere begeistert in die Luft streckten.

„Die baden ja richtig im Staub!", rief Nikolas.

„Ja, sie lieben das. Es ist wie eine Wellnessbehandlung für sie. Und nach dem Bad kommt die Massage", erwiderte Anton. Er rief die Alpaka-Herde zu sich, und als sich alle um sie geschart hatten, gingen sie ans Werk.

Edda machte sich derweil auf den Weg in die Küche, um Kaffee zu kochen. Sie hatte den Geschwistern erklären wollen, was sie zu beachten hatten, aber Nikolas und Lilly waren durch ihre Erfahrungen mit Pferden bestens vorbereitet. Und die anderen Kinder waren sowieso Dauergäste auf der Alpakafarm.

Lilly und Marie hängten die gefüllten Heusäcke an die Stangen, die im Boden verankert waren. Emil und Nikolas begannen, mit den Bürsten das Fell zu säubern, auch Anton half mit.

„Was tragt ihr denn wieder alles mit euch rum?", fragte Anton Maike, die gelassen an einem Heuballen kaute. Anton holte mehrere Äste und Blätter aus dem Fell.

Begeistert kraulte Nikolas Fritz und Shiva abwechselnd die Ohren. „Die fühlen sich megaweich und flauschig an!", schwärmte er.

Lilly und Marie hatten nur Augen für den kleinen Gregor. Er war einfach zu niedlich mit seinen staksigen Beinen und ließ sich bereitwillig von ihnen verwöhnen. Marie zeigte Lilly genau, was Gregor besonders gern mochte: „Schau, hier an der Stelle hinter dem Ohr, das liebt er."

„Gregor, du alter Genießer!", hörten sie plötzlich eine Stimme hinter sich und drehten sich um.

„Na, bist du auch wieder da, Jens?", sagte Marie und hob die Hand, in die Jens ihr sogleich ein High Five gab.

„Habt ihr den Stall schon ausgemistet?! Wenn nicht, wird die Chefin das sicher noch anordnen."

Die Erwachsenen hatten sich in der Zwischenzeit auf den Bänken niedergelassen. „Mensch, habt ihr es schön hier!", sagte Tante Kathi zu Edda, die sich mit einer Kanne Kaffee und Tassen zu ihnen gesellt hatte.

Edda nickte. „Ja, finde ich auch. Es war schon immer mein Traum, mit Alpakas in der Natur zu leben und anderen Menschen diese besonderen Wesen nahe zu bringen. Vor ein paar Jahren hat es dann geklappt – ganz ehrlich? Es ist eine Menge Arbeit, aber es lohnt sich. Allein schon, wenn ich die ganze Mannschaft da hinten sehe. Wie glücklich sie sind und ganz im Augenblick. Dafür schufte ich gerne rund um die Uhr."

„Ich bewundere dich für dein Engagement. Ich glaube, ich könnte das nicht! Auch wenn ich es durchaus nachvollziehen kann, dass dieses Leben hier ein echter Glücksgarant ist", sagte Mama und nahm noch einen Schluck vom heißen Kaffee.

„Vor allem mit dem süßen kleinen Gregor!", stimmte Kathi ihrer Schwester zu, ließ ihren Blick zu den Alpakas schweifen und prustete plötzlich los.

„Schaut mal, die Alpakas lassen es sich richtig gut gehen", meinte sie kichernd und zeigte auf die Weide.

Zwei der Alpakas, die von den Kindern aus der Fellpflege entlassen waren, rannten und hüpften den kleinen Hügel herunter.

Währenddessen waren die Kinder immer noch fleißig bei der Fellpflege der restlichen Herdenmitglieder zugange. „Wow, die Alpakas glänzen ja richtig! Das habt ihr wirklich super gemacht", sagte Edda anerkennend.

Anton, Emil, Marie, Lilly und Nikolas strahlten mit dem Fell der Tiere stolz um die Wette.

„Jens, du könntest mit den Kindern jetzt noch den Stall ausmisten", bat Edda.

Die Kinder brachen in lautes Gelächter aus.

Edda blickte von einem zur anderen und schaute dann Jens fragend an.

„Hab ich doch gesagt!", meinte dieser triumphierend zu den Kindern.

Edda zuckte mit den Schultern. „Verstehe ich nicht. Ich muss jetzt los. Meine FSJlerinnen warten schon auf mich." Auf den fragenden Blick von Lilly und Nikolas hin erklärte sie: „Die drei jungen Mädchen machen nach der Schule ein freiwilliges soziales Jahr bei uns, um praktische Erfahrungen zu sammeln, bevor sie studieren oder eine Ausbildung machen."

Im Stall machten sich alle fleißig an die Arbeit. „Was habt ihr eigentlich in euren Ferien hier schon alles unternommen?", fragte Anton Nikolas.

Dieser erzählte von der Überraschungsparty mit der Familie beim Rittermahl, vom Höhenflug im Kletterwald, der Übernachtung im Heu und der Begegnung mit dem Grüffelo sowie von der überraschenden Einladung zur Hochzeitsfeier.

Lilly ergänzte seine Schilderungen an einigen Stellen, und Marie, die aufmerksam zugehört hatte, war schwer beeindruckt von Lillys spontanem Einsatz als Tänzerin auf der Hochzeitsfeier. „Dass du dich das getraut hast!", sagte sie voller Anerkennung.

„Tja, wenn David fragt, kann Lilly nicht widerstehen." Nikolas konnte sich diesen Kommentar nicht verkneifen.

Lilly warf ihm einen bitterbösen Blick zu.

„David? Ist es etwa DER David – der David aus Korsika?", fragte Marie mit großen Augen und unterbrach damit den unangenehmen Moment. Lilly war sichtlich erleichtert, nicht mehr im Mittelpunkt zu stehen.

„Ja, David lebt tatsächlich in Korsika. Wieso? Woher kennst du ihn?", fragte Nikolas verdutzt.

„Dann ist das David aus der SENSES-Crew. Der ist hier superbekannt. Er ist ein mega Tänzer!", beantwortete Emil die Frage.

„Und du kennst ihn persönlich? Und nicht nur das, du hast sogar mit ihm zusammen getanzt?" Marie war sichtlich beeindruckt und wollte plötzlich jedes kleine Detail über David wissen. Anton und Emil erzählten derweil, dass David als geheimer Star der Crew eine kleine Berühmtheit in der Gegend war.

Als Jens, der kurz die Wasserstellen aufgefüllt hatte, zurückkam, pfiff er durch die Lippen.

„Klasse, Kinder! Das habt ihr echt prima gemacht. Jetzt sind wir hier schon fertig und können nun die Alpakas reinholen. Es wird ja auch Zeit für die Mittagspause. Meine Liebste wartet sicher schon", sagte er.

Maike, Fritz und Shiva kamen mit dem kleinen Gregor willig angetrabt und machten es sich im frischen Heu gemütlich. Zufrieden schauten sie sich um.

„So, jetzt aber mal los. Ciao, ihr Rabauken. Bis morgen!", sagte Jens zu den Alpakas, die ihn treuherzig anblickten und sich dann wieder dem Heu zuwendeten.

„Marie und Lilly, nehmt ihr bitte die Schubkarren wieder mit raus, ich zeig euch, wo sie hinkommen. Und ihr, Nikolas und Anton, bringt bitte die Heugabeln zurück. Emil, du kannst die Tür hinter dir zumachen, wenn wir alle so weit sind. Bitte achte drauf, dass der Riegel richtig zu ist. Es soll schließlich niemand verloren gehen", sagte Jens und ging los.

„Na klar, Jens. Du kannst dich auf mich verlassen", erwiderte Emil und wartete, bis alle gegangen waren.

Wettschwimmen in den Bergen

Von Ziegelhausen aus war es nicht mehr weit bis ins *Terrassenbad* in Neckargemünd, und Kathi, Mama und Papa hatten daher schon morgens die Badesachen eingepackt.

Das kühle Wasser war eine willkommene Abwechslung nach der schweißtreibenden Arbeit auf der Alpakafarm. Anton hatte nicht übertrieben mit seinen begeisterten Schilderungen. Das Freibad lag direkt in Kleingemünd im Neckartal mit einem fantastischen Blick auf die Berge des Odenwaldes.

Nikolas war beeindruckt: Das große Becken und dessen Sprungturmbereich waren mit biologisch aufbereitetem Wasser gefüllt. Es gab unter anderem einen Sprungfelsen, einen Wasserfall und eine Liane, an der man sich ins Wasser schwingen konnte.

Sie suchten sich ein schattiges Plätzchen, legten ihre Decken und Handtücher aus, zogen sich um und cremten sich mit dem neuen Sonnenschutz ein, den Nikolas extra ausgesucht hatte.

„Der ist umweltfreundlich und belastet das Wasser nicht", erklärte er seiner überraschten Tante.

Kathi hörte ihm aufmerksam zu und versicherte Nikolas, zukünftig auf den entsprechenden Hinweis auf der Verpackung zu achten.

Papa tätschelte ihm die Schulter, brummelte etwas von „Wenn wir dich nicht hätten!" und rief den anderen dann zu: „Los geht's! Wir machen ein Wettschwimmen. Wer zuerst beim Wasserfall ist, hat gewonnen!".

Das ließen sie sich nicht zweimal sagen. Tante Kathi sprintete vor, dicht gefolgt von Mama, Papa, Nikolas und Lilly. Sie schwangen sich nacheinander mit der Liane ins Wasser. Es war ein Riesenspaß. Nur Mama watete lieber über die Treppen ins Becken. Die Liane war ihr dann doch ein wenig zu hoch.

„Eins, zwei, drei und los!", zählten sie alle gemeinsam den Countdown und schwammen, so schnell sie konnten. Auf den letzten drei Metern zog Mama knapp an Lilly vorbei, die in Führung gelegen hatte. „Erste!", rief sie. „Ich habe gewonnen!"

„Das gibt's ja nicht, Schwesterherz!", sagte Tante Kathi prustend. „Du bist ja total fit!"

„Da kannst du mal sehen, liebste Kathi!", antwortete Mama triumphierend und platschte ihrer Schwester Wasser ins Gesicht. Die konterte sogleich, und mit einem Mal waren sie alle in eine große Wasserschlacht verwickelt.

Auf dem Weg zurück zum Platz entdeckte Lilly ein Schild, das anscheinend zu einem Strand zeigte. „Seht mal, hier steht ‚ABONA Beach' drauf", meinte sie.

„Ach, das ist ja mal eine geniale Idee. Eine Strandbar!", sagte Tante Kathi.

„Lasst uns dort doch gleich meinen Sieg feiern. Ich gebe eine Runde Cocktails aus", sagte Mama gut gelaunt.

Sie nahmen in den bequemen Liegestühlen Platz und genossen den Sonnenuntergang. Auf den kleinen Tischen lagen Zeitschriften und Magazine. Nikolas entdeckte ein GEOlino-Heft über das Weltall und war gleich darin versunken.

„So lässt es sich gut leben", seufzte Tante Kathi, nahm einen Schluck von ihrem Getränk und schloss genüsslich die Augen.

Als auch Papa sich für ein Nickerchen zurücklehnte, wandte sich Mama Lilly zu und flüsterte: „Endlich haben wir eine ruhige Minute, mein Engel. Nun erzähl mir doch bitte mal mehr von deinem David. Ich will alles über ihn wissen."

„Mama! Er ist nicht mein David."

„Schon gut, schon gut!" Mama grinste sie an und strich ihr sanft durchs Haar. „Dann eben von David. Kann es sein, dass du ihn ziemlich gern magst?"

Lilly blickte auf den Boden und meinte dann: „Kann schon sein."

Und dann berichtete sie ihrer Mutter von Davids Klingelton, der ihr Lieblingslied war, von der Umarmung und dem Kuss auf die Wange, als sie zugesagt hatte, dass sie für Charlie einspringen würde, und von ihrem gemeinsamen Auftritt auf Jeremys und Annis Hochzeit. Mama hörte ihr die ganze Zeit aufmerksam zu, als plötzlich Lillys Handy eine neue Nachricht signalisierte.

> Ihr wolltet doch eine Überraschung für eure Eltern planen. Ich habe eine Idee! Kommt ihr später noch vorbei? DAVID

Lillys Herz machte einen Sprung.

„Ist er das?", fragte Mama neugierig und spähte auf das Display. Lilly schloss schnell die Handyhülle und nickte.

„Nikolas!", raunte sie ihrem Bruder zu, der immer noch las. Sie gab ihm Zeichen, etwas abseits der anderen zu ihr zu kommen.

„Schau mal, David fragt, ob wir kommen können. Er hat anscheinend einen Einfall für die Überraschung für Mama und Papa. Das wäre doch super, wenn das klappen würde!"

Lilly gab vor, sich unwohl zu fühlen. Obwohl sie es gar nicht mochte zu flunkern, machte sie eine Ausnahme: Es war ja für eine gute Sache, und wenn eine Überraschung gelingen soll, gilt beim Schmieden von Plänen absolute Geheimhaltung.

Eine Überraschung für Mama und Papa

Am nächsten Tag schnappten sie sich gleich nach dem Frühstück die Räder und ihre Helme. Nur Lilly und Nikolas kannten das Ziel und fuhren voraus. „Es dauert gar nicht lange, zirka 15 Minuten. Ist doch toll, die frische Luft, oder?", rief Nikolas und blickte sich nach Mama und Papa um, die angestrengt in die Pedale traten.

„Da geht's ja nach Wald-Michelbach!", meinte Mama keuchend. „In dem Ort waren wir mal zum Wandern, weißt du noch, Thomas? Da sind wir einen wunderbaren Steig entlanggegangen und dann eingekehrt bei leckerem Bauernbrot und Äpplwoi. Was könnte uns denn dort erwarten?" Sie war ganz ungeduldig und wollte unbedingt wissen, was Lilly und Nikolas mit ihnen vorhatten.

„Das bist du nicht gewohnt, dass du mal im Dunkeln tappst, oder, Mama?" Nikolas freute sich, dass es ihnen – zugegebenermaßen dank Davids genialem Einfall – gelungen war, eine echte Überraschung zu organisieren. Ihre Eltern waren komplett ahnungslos.

„Da vorne, das muss es sein!", raunte Nikolas Lilly zu, die aufgeregt nickte.

„Oh, wow. Was ist das denn?", fragte Papa sichtlich erstaunt. Inmitten der grünen Berge und Täler bot sich ihnen ein spektakulärer Anblick: Eine riesige *Sommerrodelbahn* schlang sich durch die Landschaft.

„Schaut mal, die Kurven! Das macht sicher total Spaß!", rief Papa.
„Mensch, da habt ihr ja was Tolles ausgeheckt, oder, Alex?"
„Wie schnell wird man denn damit?", fragte Mama.
„40 km/h! Super, oder?" Nikolas war voll in seinem Element. Mama hingegen schien noch nicht ganz überzeugt zu sein.
Sie stellten die Räder ab und liefen zum Eingang. Es standen schon einige Leute vor ihnen in der Schlange.
Als Lilly vor ihrer Mutter im Bob saß und sich anschnallte, meinte sie: „Jetzt ist mir doch ein wenig mulmig zumute."
„Jetzt gibt's kein Zurück mehr. Und es sind ja auch nur 1000 Meter bei bis zu 40 km/h, nicht wahr?"
„Hast ja recht, Mama. Das wird sicher su..."
Da unterbrach sie eine laute Stimme aus den Lautsprechern: „Wir wünschen Ihnen eine gute Fahrt auf einer der schönsten Sommerrodelbahnen Deutschlands! Viel Spaß!"
Und dann sausten sie los, es ging hinauf und hinab, von luftigen Höhen in tiefe Täler. Der Wind sauste ihnen nur so um die Ohren, und bei jeder weiteren Auffahrt waren Lilly und Nikolas voller Vorfreude auf die Abfahrt. Als es einmal eine kurze gerade Strecke gab, nutzte Nikolas die Gelegenheit, um Mama und Lilly zuzuwinken. Mama allerdings klammerte sich am Bob fest und sah konzentriert auf die Wälder um sie herum. Viel Zeit blieb auch Nikolas nicht zum Winken, denn die Bahn sauste direkt die nächste Steigung hinauf, nur, um dann in die Tiefe zu fallen. Als sie wieder unten angekommen waren, versammelten sie sich an den Tischen.
„Na, meine Liebe?" Papa schloss Mama in die Arme.

„Die Aussicht war in der Tat atemberaubend!", meinte Mama und lachte geschmeichelt. Sie gab Papa einen Kuss auf die Wange. „Es hat sich echt gelohnt. Vielen Dank, ihr zwei! Das war eine tolle Idee! Und jetzt gönnen wir uns erst mal leckere Pommes am Sonnenimbiss?" Alle waren einverstanden.

Gregor wird vermisst!

Nach dem Essen waren sie voller Vorfreude auf den Abend nach Hause zu Tante Kathi gefahren. Denn Lilly und Nikolas waren mit David verabredet. Es gab ein neues Theaterstück am *Nationaltheater Mannheim*, das sie sich Davids Meinung nach unbedingt anschauen sollten.

„Na, seid ihr so weit?", fragte er, als Nikolas und Lilly vor dem Theatereingang auftauchten. Onkel Matthias und Papa winkten zum Abschied. Sie wollten die Zeit nutzen und sich auch einen schönen Abend in Mannheim machen.

„Hey David!" Nikolas und David klatschten sich zur Begrüßung ab. Lilly blieb erst einmal im Hintergrund, aber da umarmte David sie schon und gab ihr links und rechts ein Küsschen auf die Wangen. Lilly blieb kurz das Herz stehen. Er sah wie immer umwerfend gut aus.

„Gut seht ihr aus. Extra schick gemacht, was?" David lachte.

„Na klar, wir sind ja nicht jeden Tag mit einer Berühmtheit im Mannheimer Theater, um uns die neueste hippe Tanzproduktion anzusehen" erwiderte Nikolas.

„Berühmtheit?" David schüttelte den Kopf. Er war sichtlich unangenehm berührt – oder doch geschmeichelt?

„Schau mal da. Das ist David von SENSES", hörten sie zwei Jungs tuscheln.

„Siehst du!" Nikolas knuffte David in die Seite.

Der lachte wieder. „Na kommt, lasst uns mal reingehen."
Sie folgten David und waren baff, wie viele Leute er kannte. Bis sie endlich im Innenraum angekommen waren, waren zwanzig Minuten vergangen. Einfach jeder wollte David begrüßen.
Innen erwartete die drei eine Bar, an der David ihnen Getränke besorgte. Er schien hier Stammgast zu sein.
„Hier, für dich!", sagte David und reichte Lilly eine Apfelschorle. Einen kurzen Augenblick lang begegneten sich ihre Blicke. Lilly wollte schnell von der Schorle trinken und verschluckte sich prompt. Als sie sich dicht an dicht in die Schlange vor der Eingangstür einreihten,

berührte Lillys Arm zufällig David. In Lillys Bauch kribbelte es so sehr, als hätte sie eine ganze Brausestange verschluckt.

Schnell zog sie den Arm zurück und war froh, als die Einlasserinnen die Tür endlich öffneten.

David schien von der Berührung gar nichts bemerkt zu haben, er visierte zielstrebig und ungeachtet der Menschenmenge drei mittlere Plätze in der vierten Reihe von oben an. Kaum saßen sie – David in der Mitte, Lilly links und Nikolas rechts von ihm – wurde es dunkel, und der Raum war erfüllt von erwartungsvoller Stille.

Als dann die ersten Klänge ertönten, applaudierte das Publikum laut. Die anderen Kinder und Jugendlichen blieben gar nicht auf ihren Stühlen sitzen, sondern bewegten sich im Takt mit. Auch Lilly, Nikolas und David hielt es nicht mehr auf den Stühlen.

„Die in dem grünen Hoodie mit den engen Hosen ist Ira, sie tanzt einfach göttlich!", schrie David durch das Getöse und zeigte auf eine Tänzerin, die gerade einen Head Spin zeigte.

Lilly hätte am liebsten nur David angesehen, auch wenn die schnelle Drehung auf dem Kopf, die Ira zum Besten gab, wirklich atemberaubend war.

Die Aufführung verging wie im Flug. „Ich hätte nicht gedacht, dass man durchs Tanzen eine ganze Story auf die Bühne bringen kann!", sagte Nikolas anerkennend.

Die Tänzer und Tänzerinnen hatten zu Recht mehrfach Standing Ovations bekommen.

„Danke, David! Das war einer der besten Abende meines Lebens!" Lilly war selig vor Glück.

Als sie gerade hinausgehen wollten, fiel Lillys Blick auf die Tageszeitung, die auf einem Tisch lag. Ihr stockte der Atem.
„Moment mal! Das ist doch – Gregor!", rief sie.
„Gregor?!" Nikolas verstand die Welt nicht mehr. Wie sollte Gregor, der süße Alpaka-Junge aus Heidelberg, denn hier nach Mannheim ins Theater gekommen sein?
„Was redest du denn da?", fragte Nikolas verwirrt.
„Da! Schau, in der Zeitung. Das ist eindeutig Gregor auf dem Foto!", antwortete Lilly beharrlich. Sie klang ganz aufgeregt. Nun wurde auch David hellhörig.
„Ist das der Alpaka-Gregor, von dem du vorhin erzählt hast?", fragte David.
Lilly nickte und las vor:

Heidelberg. Auf der Alpakafarm Hirtenaue im Stadtteil Ziegelhausen wird ein Alpakajunges vermisst. Es hört auf den Namen Gregor und ist auf Hilfe angewiesen. Hinweise bitte an die örtliche Polizeidienststelle oder direkt an die Alpakafarm-Besitzerin Edda Göbbes.

„Das gibt's ja nicht!", rief Nikolas. „Gregor ist weg!"
Lilly, Nikolas und David sahen einander schockiert an. Wie hatte das passieren können? Jens hatte Emil doch extra gebeten, die Tür gut zu verschließen …

Märchenhaftes Leben

Es fiel Lilly schwer, an etwas anderes als an Gregor zu denken. Wo er wohl gerade war?

„Sie werden Gregor bestimmt ganz bald finden!" Mama legte tröstend einen Arm um Lilly. Nikolas, David und Lilly hatten ihnen nach dem Theaterbesuch gleich von der Vermisstenanzeige in der Tageszeitung berichtet. Mama hatte kurzerhand Edda angerufen. Und tatsächlich: Niemand wusste, wie Gregor ausgebüchst war. Er war am Morgen nach ihrem Besuch auf der Alpakafarm nicht mehr da gewesen.

„Edda hat versprochen, sich gleich bei uns zu melden, wenn er wieder auftaucht", versuchte Mama es noch einmal.

Als sie Lillys traurige Miene sah, ging sie zu Nikolas in den Garten, wo er gemeinsam mit Kathi, Matthias und Papa Karten spielte. Fips lag zufrieden zu seinen Füßen unter dem Tisch und schlief. „Arme Lilly! Sie denkt nur noch an Gregor. So können wir unmöglich später entspannt unseren Hochzeitstag feiern. Habt ihr eine Idee, wie wir sie ein wenig aufmuntern und vor allem ablenken könnten?", fragte Mama in die Runde.

„Ich wüsste da was!", sagte Nikolas und deutete grinsend auf das Nachbargrundstück, Davids Zuhause.

„Jetzt lass mal, Nikolas", sagte Papa und dachte sichtlich angestrengt nach. Ausgerechnet heute, wo sie ein romantisches Dinner ohne die Kinder geplant hatten, ging es Lilly so schlecht.

Tante Kathi kam ihm zuvor. „Ich hab's! Wir machen einen Ausflug ins *Märchenparadies* auf dem Königstuhl!", rief sie. „Das schaffen wir noch gut in der Zeit, bevor ihr euer romantisches Dinner habt."

„Oh ja, das könnte ihr gut gefallen. Lilly liebt Märchen. So wie Alexandra", sagte Papa.

Während sie die Runde zu Ende spielten, packte Mama alles zusammen, und keine 15 Minuten später saßen sie alle im Auto auf dem Weg nach Heidelberg. Lilly war zwar immer noch auffällig zurückhaltend, aber immerhin hatte sie sich überreden lassen mitzukommen.

„Das wird sicher schön!", versuchte Tante Kathi, ihre Nichte in ein Gespräch zu verwickeln. Lilly nickte nur. Schweigend fuhren sie durch den Wald und waren erleichtert, als sie endlich ankamen.

„Lasst uns am besten erst mal mit der Parkeisenbahn fahren. Die fährt an allen Attraktionen vorbei. Dann haben wir einen Überblick und können schauen, wo wir hinwollen", schlug Tante Kathi vor.

„Gut, so machen wir es!", sagte Mama, die fasziniert die vielen verschiedenen Märchenfiguren betrachtete.

Kaum hatten alle ihre Plätze eingenommen, ging es auch schon los.

Die Bahn fuhr durch den gesamten Park, und sie kamen aus dem Staunen kaum heraus. In jeder Ecke und hinter jedem Busch war etwas zu sehen. „Boah, cool. Schaut mal, da!", rief Lilly und deutete auf ein riesiges Spielplatz-Schloss vor ihnen. „Das sieht total echt aus!"

„Dort können wir gerne nachher unser Picknick machen", sagte Matthias zufrieden.

„Ich will zur Hexenreitbahn!", rief Nikolas, als sie an einer Anlage mit verschiedenen Hexen auf Reitbesen vorbeifuhren.

„Und ich zur Pferdereitbahn!", rief Lilly gleich hinterher.

„Also, ich will mir unbedingt die Märchen anhören. Ich habe schon einiges entdeckt und glaube, es sind ‚Schneewittchen', ‚Zwerg Nase',

‚Rumpelstilzchen' und der ‚Lügenbaron Münchhausen' dabei." Mama war ganz in ihrem Element.

Papa schaute auf die Uhr.

„Was ist los, Papa? Entspann dich mal. Du schaust ja alle fünf Sekunden auf die Uhr. Wir werden schon nicht zu spät kommen."

Papa grummelte etwas vor sich hin.

„Du bist ja richtig aufgeregt, Thomas!" Onkel Matthias sah ihn sichtlich amüsiert an.

„Na ja, immerhin ist es unser 15-jähriges. Das hat man auch nicht alle Tage", erwiderte Papa. „Ich habe im ‚Europäischen Hof' ein Deluxe-Zimmer gebucht und zum Abendessen einen Tisch für zwei mit 5-Gänge-Candle-Light-Dinner reserviert. Da wollten wir früher immer hin, aber als Studenten konnten wir es uns nicht leisten."

„Also, ich finde das ja sehr charmant, liebster Schwager. Ist doch schön, wenn man sich immer noch so viele Gedanken um die Partnerin macht nach all den Jahren", sagte Tante Kathi.

„Finde ich auch!", sagte Mama und hakte sich bei Papa unter, der ihr einen zarten Handkuss gab. Sie waren inzwischen bei der Szene mit Dornröschen angekommen, in der sie der Prinz wachküsste – wie passend.

Leider hielt der Zauber nicht lange, denn am Bällebad entdeckte Lilly einen Aushang mit der Vermissten-Anzeige für Gregor.

Da auch Papa keine Ruhe mehr hatte, machten sie sich wieder auf den Heimweg. Schließlich mussten Lilly und Nikolas auch noch ihre Koffer packen.

Check-in im Kinderhotel

„Los, los, los! Habt ihr schon alles gepackt? Wir müssen in zehn Minuten fahren, damit ihr nicht zu spät kommt. Immerhin haben wir euch auch die Luxus-Suite gebucht", meinte Mama mit leuchtenden Augen.

Sie stand mit beiden Jacken in der Hand in der Tür und schien es wirklich eilig zu haben. Das war auch kein Wunder: Seit Wochen hatten Mama und Papa sich auf ihr Candle-Light-Dinner gefreut.

„Keine Hektik, Mama!", erwiderte Nikolas. „Ich muss noch meinen Schlafanzug einpacken, meine Zahnbürste, die Zahnpasta, meine Hausschuhe, Socken, meine Hosen, ein Hemd ..." Er brach ab, als er in Mamas Gesicht sah, das sich zunehmend rot verfärbte.

„Nur ein Spaß! Ich habe natürlich alles fertig gepackt und bin startklar! Du auch, Lilly, oder?"

Lilly nickte und schnappte sich ihren Koffer. „Auf geht's ins Kinderhotel!" rief sie und hakte sich bei ihrem Bruder unter.

Das Kinderhotel lag relativ unscheinbar an einer großen Straße. Doch so unspektakulär der erste Eindruck war, so grandios war der Anblick des Hauses: Eine rote Hausfassade mit freigelegtem Fachwerk, weiße, geschwungene Fensterrahmen und um das Gelände herum ein riesiger Spielplatz. Und das war erst der Anfang!

„Dann lasst uns mal reingehen und einchecken!", sagte Papa, der extra sein italienisches Leinenhemd und die neue, dazu passende Hose angezogen hatte. Es war kurz vor 17 Uhr, gleich sollte das Programm beginnen. Es stand an diesem Tag ganz im Zeichen des Mottos „Nachhaltigkeit". Nikolas war natürlich begeistert.

„Hallo und herzlich willkommen in Deutschlands erstem *Kinderhotel*, hier, im *Schweizerhof*!", begrüßte sie eine Frau mit einem strahlenden Lächeln. „Ihr müsst Nikolas und Lilly sein, richtig?", sagte sie, an die Geschwister gewandt.

„Genau!", antwortete Lilly. Sie fühlte sich sofort wohl und war erleichtert, denn ein bisschen war ihr doch mulmig gewesen bei dem Gedanken, ganz ohne Mama und Papa in einem Hotel zu übernachten.

„Schön, dass ihr da seid! Ich glaube, wir hatten noch nie Gäste aus Berlin bei uns. Es ist also so gesehen auch für uns eine Premiere. Ich bin Johanna und werde eure Ansprechpartnerin hier sein. Erst zeige ich euch, wo ihr eure Sachen verstauen könnt. Kommt mal mit."

Nachdem Lilly und Nikolas ihr Gepäck untergebracht hatten, verabschiedeten sie sich von ihren Eltern.

„Viel Spaß, ihr zwei Turteltauben!", sagte Nikolas mit einem neckenden Unterton.

„Den werden wir sicher haben. Und ich bin gespannt, was ihr morgen erzählt!", erwiderte Mama und flüsterte Lilly zum Abschied ins Ohr: „Viel Spaß, mein Engel!".

Dann waren sie auch schon weg.

Es blieb überhaupt keine Zeit, traurig zu sein oder auch nur darüber nachzudenken. Die anderen Hotelgäste standen schon im Foyer und warteten. Denn es sollte gleich mit einer Schatzsuche losgehen. Lilly und Nikolas liebten Schatzsuchen!

Als die Geschwister sich zu den anderen gesellten, trauten sie ihren Augen kaum: Inmitten der Gruppe entdeckten sie doch tatsächlich drei bekannte Gesichter.

„Emil, Anton, Marie!", rief Nikolas ihnen zu und schlängelte sich durch die Gruppe. „Ihr seid ja auch hier! Schön, euch wiederzusehen!"

Lilly, die hinter Nikolas herkam, fragte: „Das ist ja ein toller Zufall! Ist es für euch die erste Hotel-Übernachtung?"

Emil schüttelte den Kopf und blickte gleich wieder auf den Boden. Auch die anderen reagierten zurückhaltend. Irgendwie sahen sie gar nicht so erfreut aus, Nikolas und Lilly wiederzusehen. Dabei hatten sie sich auf der Alpakafarm doch gut verstanden und viel Spaß zusammen gehabt. Seltsam ...

„Ist alles okay mit euch?", fragte Lilly ein wenig besorgt.

„Ja, ja, klar!", erwiderte Anton schnell. Überzeugend klang das nicht.

„Sag mal, hast du das auch gehört von Gregor?", fragte Lilly. „Er ist nun schon seit einem Tag verschwunden."

„Ja, haben wir gehört. Der arme Gregor!", erwiderte Marie.

„Habt ihr eine Ahnung, wie das passieren konnte? So ein Alpaka verschwindet doch nicht einfach so", meinte Lilly.

„Tja, das wüssten wir auch gerne. Bisher gibt's leider keine Spur von Gregor und keine Hinweise darauf, wie es passiert ist. Außer, dass das Gatter nicht richtig zu gewesen sein muss. Es stand nämlich offen, als Edda am nächsten Morgen nach Gregor schauen wollte", erklärte Anton. Emil knuffte ihn in die Seite, da verstummte er.

Im selben Moment wurden sie von Johanna unterbrochen, die den Start der Schatzsuche verkündete. Die Kinder sollten sich in Zweier-

Teams auf den Weg machen und Aufgaben lösen. Nur, wer die Aufgaben gelöst hatte, würde den Schatz finden können.

„Wollen wir gemeinsam gehen?", fragte Lilly Marie.

Johanna, die Lilly gehört hatte, sagte: „Prima Idee. Lilly und Marie, ihr seid ein Team!"

Marie warf Anton einen Blick zu, den Lilly nicht übersehen konnte.

„Ist alles okay, Marie?", fragte sie noch einmal.

„Ja, klar!", beeilte sich Marie zu sagen.

Nikolas wurde mit Emil und Anton losgeschickt. Auch hier war die Atmosphäre bescheiden. Daran änderte selbst die Schatzsuche nichts, die erst durch das Haus und anschließend durch das Außengelände mit Garten und Spielplatz führte. Erst als es ein klares Kopf-an-Kopf-Rennen zwischen Team Marie und Lilly und Team Anton, Emil und Nikolas wurde, hob sich die Stimmung ein wenig. Nikolas trumpfte bei den Umwelt-Fragen auf, dafür waren Lilly und Marie schneller beim Finden der nächsten Stationen.

Letztlich fanden sie alle gleichzeitig in der mongolischen Jurte den entscheidenden Hinweis auf den Schatz.

„Los, Marie!", rief Lilly aufgeregt. Die Jungs sausten bereits los, den ganzen Weg zurück wieder ins Haus zum Eingang. Dort stand eine alte Truhe hinter einem der dicken grünen Vorhänge. Lilly und Nikolas zogen sie gemeinsam hervor. Johanna stand direkt hinter ihnen,

und auch die anderen Hotelgäste hatten sich neugierig versammelt. „Und jetzt?", fragte Nikolas in die Runde und blickte Lilly ratlos an.
Anton schlug vor: „Wollen wir ihn uns vielleicht einfach teilen?"
Die anderen waren einverstanden. Nikolas öffnete die alte Truhe, und alle versuchten gespannt einen Blick auf den Inhalt zu erhaschen.
„Cool! Das sind Samenbomben. Die kann man auf die Erde werfen und nach ein paar Wochen wachsen Blumen, die ein Zuhause für Insekten sind", erklärte Nikolas. Die Stimmung war nun deutlich besser, und trotzdem: Die Geschwister spürten, dass irgendetwas nicht stimmte. Abends, als sie eingekuschelt in ihren Betten lagen, flüsterte Lilly, die neben Marie lag, ihr zu: „Ich muss dauernd an den süßen Gregor denken. Hoffentlich geht es ihm gut, und er ist bald wieder zu Hause!"
Marie flüsterte zurück: „Ja, das hoffe ich auch! Und der arme Emil."
„Wieso Emil? Hat er denn nicht das Tor zugemacht?", fragte Lilly.
Marie schaute Lilly erleichtert an: „Ihr glaubt also nicht, dass Emil schuld ist?"
„Nein! Natürlich nicht. Es muss etwas anderes passiert sein. Wir müssen nur herausfinden, was!", meinte Lilly.
Daher wehte also der Wind! Emil hatte wohl ein schlechtes Gewissen und dachte, er sei schuld, dass Gregor verschwunden war. Deshalb waren die anderen so verhalten gewesen. Noch während sie darüber nachdachte, dass sie das unbedingt Nikolas erzählen musste, fiel Lilly in einen tiefen Schlaf und träumte natürlich von Gregor.
Am nächsten Morgen berichtete Lilly Nikolas sofort davon, was Marie ihr über Emil erzählt hatte. Sie hatte kaum geendet, da wurden sie schon zum Frühstück gerufen. Im großen Saal erwartete sie ein

tolles Buffet. Es gab frisch gebackene Waffeln mit Obst, Aufschnitt, gegrilltes Gemüse, Brötchen, Aufstrich und Müsli mit Mandel-Joghurt. Sogar Kinder-Kaffee, Tee und frisch gepresster Orangensaft standen zur Auswahl.

„Wow!", staunten Nikolas und Lilly. Sie fühlten sich rundum wohl. Erst recht, nachdem nun klar war, weshalb die anderen so seltsam gewesen waren. Sie nahmen sich vor, das gleich aufzuklären.

„Das sieht richtig lecker aus!", sagte Anton. Die anderen stimmten zu. Am Tisch holte Emil tief Luft und sagte: „Ich kann einfach nicht verstehen, wie das passieren konnte. Ich habe die Tür ganz sicher richtig gut verschlossen." In seiner Stimme lag Verzweiflung.

Nikolas sagte beschwichtigend: „Ja klar, wir waren doch dabei. Das Schloss war hundertpro richtig zu. Da brauchst du dich gar nicht schlecht zu fühlen!"

Emil war zwar erleichtert, dass Lilly und Nikolas ihm glaubten, gleichzeitig fühlte er sich immer noch schrecklich. Er blickte traurig auf seinen reichhaltig gefüllten Teller. Er hatte an diesem Morgen überhaupt keinen Appetit.

Ein Ausflug in die Unterwelt

„Es war einfach sooo schön, oder, Schatz?", schwärmte Papa. „Es war einfach sooo schön, oder, Schatz?", hallte es von den Felswänden zurück.

Lilly, Nikolas, Tante Kathi und Onkel Matthias kicherten. Mama und Papa waren glückselig von ihrer Übernachtung in Heidelberg zurückgekehrt.

Papa blickte sich sichtlich peinlich berührt um. Aber entweder die anderen aus der Gruppe waren taub oder einfach sehr höflich. Jedenfalls ließen sie sich nichts anmerken.

Mama massierte Papa den Nacken und sagte extra laut: „Fand ich auch, Liebling!"

„Fand ich auch, Liebling!", ertönte es von allen Seiten.

„Nun ist aber mal gut, ihr zwei! Ist ja schön, dass es euch so gut gefallen hat, aber das müssen doch nicht alle Höhlenbesucher wissen!" Tante Kathi tat empört und wandte sich dann Onkel Matthias zu: „Hier, deine Jacke." Nikolas und Lilly sahen sich fröstelnd in der Höhle um.

„Ich hätte nicht gedacht, dass es hier wirklich so kalt sein würde", raunte Matthias Kathi zu. „Gut, dass du mich überredet hast, meine Jacke mitzunehmen."

Die anderen folgten Matthias' Beispiel und zogen ebenfalls ihre Jacken über ihre Sommerkleidung. Draußen war es brütend heiß gewesen, hier drin war es im Vergleich dazu richtig kalt.

„In der *Eberstadter Tropfsteinhöhle*, die mit ihrem Höhlenzentrum das südöstliche Eingangstor des UNESCO Global Geoparks Bergstraße-Odenwald ist, sind ganzjährig ungefähr elf Grad Celsius bei einer Luftfeuchtigkeit von 95 Prozent", erklärte Dany, die die Führung leitete, in diesem Augenblick.

Sie gingen den schmalen Gang entlang und staunten: „Wahnsinn, das sieht aus wie die Kulisse in einem Fantasy-Film!", sagte Nikolas begeistert. „Könnte glatt aus der Höhlenszene in ‚Harry Potter und der Halbblutprinz' stammen."

„Gott sei Dank ist es hier deutlich heller", sagte Lilly.

Tante Kathi erwiderte: „Stimmt! Ist es nicht unglaublich, dass man diesen unterirdischen Schatz erst vor gar nicht allzu langer Zeit entdeckt hat?"

„Wieso? Wann wurde die Tropfsteinhöhle denn gefunden?", fragte Mama neugierig.

„Hast wohl nicht zugehört vorhin, was, Schwesterherz?", neckte Tante Kathi Mama und fügte dann hinzu: „Das war 1971, als sich zufällig bei einer Sprengung in einem Muschelkalksteinbruch an einer Wand ein rund ein Meter hoher und zwei Meter breiter Spalt geöffnet hat."

„Wow! Schaut mal", meinte Papa und deutete nach vorn. Die Gruppe fand sich inmitten der Höhle vor einem See wieder, zu dem Dany sie geführt hatte.

„Sie haben ja bereits einiges über diesen besonderen Ort im Besucherzentrum gelernt. Jetzt gibt's das spezielle Insider-Wissen von mir für Sie. Gibt es vielleicht schon Fragen?", wollte Dany wissen.

Papa meldete sich, und Dany nickte ihm freundlich zu. „Wie alt ist denn die Tropfsteinhöhle?", fragte Papa.

„Gute Frage!", erwiderte Dany. „Man weiß es natürlich nicht ganz genau, aber es wird geschätzt, dass sie vor etwa zwei Millionen Jahren entstanden ist. Nach und nach sind alle Formen von Sinterbildungen an den Wänden, Decken und am Höhlenboden entstanden. Man

unterscheidet bei der Bezeichnung nach der Wuchsrichtung. Stalaktiten nennt man Tropfsteine, die an der Höhlendecke hängen und Stalagmiten Tropfsteine, die von der Höhlensohle aufwärts wachsen."

„Stimmt, so hießen die", murmelte Lilly.

Nun meldete sich auch Nikolas: „Mich würde interessieren, ob hier schon mal ein Film gedreht wurde."

Dany lachte: „Das ist eine sehr interessante Frage. Die wurde mir tatsächlich noch NIE gestellt, und ich arbeite schon sehr lange als Fremdenführerin hier. Dann will ich mal versuchen, eine Antwort zu finden. Soweit ich weiß, gab es hier noch keinen Filmdreh. Ich werde das noch mal nachprüfen, denn ich finde das selbst auch spannend."

Nikolas war einverstanden.

„Platz für eine Filmkulisse wäre hier auf jeden Fall genug. Die Höhle ist 600 Meter lang, und ihre Breite reicht von zwei bis zu sieben Metern. Die Höhe schwankt zwischen zweieinhalb und acht Metern", sagte Dany.

„Ein bisschen gruselig ist es hier schon", meinte Nikolas.

„Nicht mehr, wenn du die Namen hörst!", versprach Dany und lachte.

„Ihr habt jetzt ein bisschen Zeit, euch auf eigene Faust umzusehen. Vielleicht entdeckt ihr die eine oder andere Form."

Lilly und Nikolas gingen gern auf das Spiel ein.

„Schaut mal, dort hinten: Das sieht aus wie eine Torte!", sagte Lilly.

Dany lachte begeistert: „Ja, richtig, da hast du gleich eine der wichtigsten Formationen gefunden. Wir nennen das die ‚Hochzeitstorte'."

„Wie passend!", meinte Tante Kathi und knuffte Mama sanft in die Seite.

Zurück am Besucherzentrum, verabschiedete sich Dany mit den Worten: „Wenn ihr zum Parkplatz geht, findet ihr einen geologischen Lehrpfad mit Schautafeln. Darauf stehen interessante Texte zur Geologie und Erdgeschichte des Odenwaldes und zu den unterschiedlichen Gesteinsarten. Es lohnt sich, ihn entlangzulaufen. Und anschließend könntet ihr im Waldgebiet den Naturlehrpfad erkunden, der Wissenswertes zur Pflanzen- und Tierwelt bereithält. Oder ihr geht noch auf den Spielplatz."

„Die Lehrpfade wollen wir uns natürlich nicht entgehen lassen. So viel Zeit muss sein!", meinte Onkel Matthias.

„Dann kommt doch einfach anschließend noch mal rein. Ich mache mich unterdessen auf Spurensuche nach einem möglichen Filmdreh, ja?"

Der Lehrpfad nahm einige Zeit in Anspruch: Am Wegesrand informierten verschiedene Tafeln zur Geologie des Odenwalds und zur geologischen Gesteinsabfolge. Besonders spannend fand Lilly die Tafeln, die über die Entstehung der *Eberstädter Höhlenwelt* und die im Steinbruch lebenden Tiere und Pflanzen berichteten.

Als sie müde und hungrig wieder am Besucherzentrum ankamen, erwartete sie Dany bereits mit dem Ergebnis ihrer Recherche.

„Leider kein spannender Filmdreh bisher hier in Eberstadt. Aber wer weiß, vielleicht wirst du ja mal Regisseur, Nikolas, und suchst nach einer außergewöhnlichen Dreh-Location. Dann sprechen wir drüber, okay?"

„Abgemacht!", sagte Nikolas und lachte. Regisseur war bestimmt ein sehr interessanter Beruf.

„Das war schon sehr außergewöhnlich da unten, oder?", sagte Mama.
„Und so schön kühl!", fügte Onkel Matthias hinzu, als er die Autotür öffnete. Im Inneren erwartete sie brütende Hitze.
„Puh! Das hält man ja nicht aus!", stöhnte Nikolas.
„Hoffentlich hat Gregor etwas zu trinken gefunden, wo auch immer er ist!", sagte Lilly.
„Gibt es immer noch keine Neuigkeiten?", fragte Onkel Matthias.
Lilly und Nikolas schüttelten bedrückt die Köpfe. Sie hatten an diesem Tag schon mindestens fünf Nachrichten mit Anton, Emil und Marie in ihrer Chatgruppe hin und her geschickt, und leider gab es kein Zeichen von Gregor. Wenn man ihn nicht endlich finden würde, konnte es richtig gefährlich für ihn werden.
„Was haltet ihr von einem Ausflug ans Meer?", fragte Papa in die Runde. Er wollte die Kinder gern ablenken.
„Ans Meer?", fragten Nikolas und Lilly wie aus einem Mund. „Ja, ihr habt richtig gehört", bestätigte Mama.
„Schließlich sind wir hier auf Korsika", nickte Papa Mama zu und grinste. Lilly und Nikolas fragten sich, was ihr Vater jetzt schon wieder ausgeheckt hatte.
„Au ja!" Tante Kathi war begeistert. „Aber erst mal holen wir Fips ab. Der wird schon sehnsüchtig auf uns warten."
Schon bevor sie die Haustür öffneten, hörten sie die aufgeregt hin und her tapsenden Pfoten von Fips. Er begrüßte sie überschwänglich wie immer. Lilly beugte sich zu ihm und streichelte über seinen Kopf.
„Hallo, Fips! Na, hast du uns schon vermisst? Wir haben eine Nacht im Hotel geschlafen. Leider durften Hunde nicht mit." Fips schleckte ihr

voller Hingabe über die Hand, das kitzelte. „Jetzt kommst du mit!" Fips schaute sie mit schiefgelegtem Kopf an. Lilly musste lachen.

„Na, komm!", sagte sie und nahm Fips' Geschirr samt Leine in die Hand. Da war Fips schon aus der Tür entwischt, und Lilly stürmte hinterher. Weit kam sie nicht, denn sie knallte mit voller Geschwindigkeit gegen – David!

„Autsch!", sagte er.

„Ähm, oh, sorry!", stammelte Lilly und hielt sich den Kopf.

„Wo geht's denn hin?", fragte David.

„Wir fahren ans Meer", sagte Lilly, als sie sich wieder gefasst hatte.

David lachte sie mit seinen braunen Augen an. „Cool!", meinte er.

Nikolas und Papa luden gerade die Kühlbox in den Kofferraum. Als sie David und Lilly entdeckten, winkten sie ihnen zu. „Komm, Lilly! Wir sind so weit."

„Tschüss, David", verabschiedete sich Lilly.

„Warte! Ich wollte euch fragen, ob ihr vielleicht Zeit und Lust habt, mit uns in die *Klima Arena Sinsheim* zu fahren? Nikolas ist doch so ein Umweltschützer, oder?"

„Stimmt! Das ist eine super Idee!", meinte Lilly.

„Ihr könnt ja eure Eltern fragen, wann es bei euch passt, und euch dann melden", sagte David.

So verblieben sie, und als alle im Auto saßen, fragte Nikolas neugierig: „Na, was habt ihr besprochen?"

Lilly berichtete von Davids Idee, und Nikolas war erwartungsgemäß begeistert. Auch Mama und Papa waren einverstanden. Nikolas schickte David gleich eine Sprachnachricht.

Eine Entdeckung am Meer

„Wo ist denn nun dieses Meer, das keins ist?", fragte Nikolas ungeduldig, als sie im Auto saßen.

Lilly stimmte mit ein: „Ich bin echt mal gespannt, was das sein soll. Ein Fake-Meer mitten im Wald?!"

„Habt noch ein bisschen Geduld, ihr zwei, ja?", sagte Papa lachend. Es machte ihm sichtlich Freude, beide Kinder so gespannt zu sehen.

„Ihr werdet es gleich mit eigenen Augen sehen, versprochen!", pflichtete ihm Mama mit funkelnden Augen bei.

Das Auto hielt auf einem ausgewiesenen Parkplatz an. Fips schnellte aus dem Schlaf hoch. Sofort streckte er seine Schnauze durch die offene Tür, um mit einem beherzten Sprung draußen eine Fährte aufzunehmen.

„Endlich!", seufzte Lilly und kletterte flink hinter Fips heraus.

„Nikolas, schnell, komm!", befahl sie ihrem Bruder, der gerade noch auf der Rückbank einige Krümel von seinem Shirt klopfen wollte.

„Ja, ja, ich komm ja schon. Was …", brach Nikolas ab, als er entdeckte, was Lilly ihm zeigen wollte. Vor ihnen tat sich ein unglaublicher Anblick auf Abertausende riesige Felsen auf.

„Na, hab ich euch zu viel versprochen?", fragte Papa triumphierend in die Stille hinein. Die Felsen lagen übereinander, nebeneinander und untereinander und bildeten eine fast wellenartige graue Oberfläche, die nach unten zu fließen schien. Manche Felsen ragten aus der Masse heraus und wirkten wie riesige Pottwale. Felsen – so weit das Auge reichte.

„Willkommen am *Heidelberger Felsenmeer*", sagte Mama und legte ihre Arme um Nikolas und Lilly. „Hier haben wir Stunden mit unserer gesamten WG verbracht, weißt du noch, Thomas? Es sieht noch genauso aus wie damals", schwelgte Mama in Erinnerungen.

„Ja, Schatz, das waren noch Zeiten, was?", erwiderte Papa und drückte sie an sich.

„Jetzt geht das Geflirte wieder los! Als hätten sie nicht gestern genug Zeit dafür gehabt!", flüsterte Nikolas in Lillys Ohr.

„Los, ihr Turteltauben! Wir sind hier ja sicher nicht zum Rumstehen hergekommen, oder?", rief Lilly den Eltern zu und zeigte in Richtung der Felsen. Sie bewegten sich alle darauf zu und blieben dann staunend stehen. Nur Fips wollte weiter und rannte voller Elan los, da pfiff Papa ihn zurück.

„Fips, hier darf man nicht auf die Felsen klettern, das ist ein Naturschutzgebiet!"

Fips kam sofort zurück, und Papa lobte ihn: „Braver Junge!"

„Es gibt mehrere Felsenmeere in der Region. Bei einigen ist es erlaubt, auf die Felsen zu klettern. Im hessischen Lautertal gibt es zum Beispiel das *Große Felsenmeer* in Reichenbach mit Besucherzentrum", erklärte Mama und tätschelte Fips den Kopf, der irgendwie ganz aufgeregt schien und mit erwartungsvollem Blick nach den anderen sah.

Aber der Rest der Familie hatte nur Augen für das Meer vor ihnen. Die Felsen hatten im Laufe der Jahrtausende bizarre Formen angenommen. Lilly und Nikolas probierten Danys Spiel aus der Tropfsteinhöhle in abgewandelter Weise aus: Abwechselnd suchten sie sich einen Felsen heraus, der sie an eine bestimmte Form erinnerte. Dann errieten sie gegenseitig anhand von Fragen, welcher Fels es war.

„Oh, ich hab's! Ist das da vorne der Fels, der aussieht wie ein gestrandetes Schiff?", rief Nikolas Lilly zu.

Mit einem Mal schallte ein schriller Ton durch die Luft. Nikolas und Lilly, bis eben noch ganz in ihr Spiel vertieft, fuhren erschrocken zusammen, und auch Mama und Papa schauten ratlos umher. Fips schnüffelte angestrengt in die Luft und schien eine Fährte aufzunehmen. Es dauerte keine zwei Sekunden, da rannte er los.

Papa rief zwar noch „Fips!!!!" hinter ihm her, aber es war zwecklos. Fips war schon zwischen all den Felsen verschwunden.

„Oh nein!", entfuhr es Nikolas. Alle wussten, dass Fips so schnell nicht wiederkommen würde. Erst Gregor und jetzt auch noch Fips! Und überhaupt: Was war das für ein Geräusch? Da war es schon wieder. Ein greller, hoher Ton, fast wie ein Schrei.

Und dann, urplötzlich, tauchte tatsächlich erst ein, dann ein zweiter Kopf im grauen Meer von Felsen auf. Fips und – Gregor!

„Das gibt es ja nicht!", rief Papa überrascht aus und holte sofort sein Handy heraus.

Edda meldete sich nach dem ersten Klingeln und traute ihren Ohren kaum! Ihr süßer kleiner Gregor im *Felsenmeer*? Wie war er denn hierher geraten? Immerhin befand sich zwischen der Alpakafarm in Ziegelhausen und dem *Felsenmeer* im *Naturpark Michelsbrunnen* der Neckar. Und jetzt lag Gregor hier zwischen den Felsen. „Ach, ich bin ja so erleichtert! Wie geht es ihm? Ist er verletzt? Ich rufe gleich

die Tierärztin an und mache mich dann sofort auf den Weg zu euch. Haltet euer Handy bereit!", sprudelte es nur so aus Edda heraus.

Papa sendete ihr den genauen Standort übers Smartphone, und dann warteten sie.

„Geht es ihm gut?", fragte Lilly besorgt.

„Der Arme hat sicher großen Hunger und Durst!", vermutete Nikolas mit besorgter Miene.

„Er ist ganz schwach!", rief Mama, die sich Gregor vorsichtig genähert hatte, den beiden zu.

Mama und Papa versuchten alles Mögliche, aber sie schafften es nicht, Gregor rauszuholen. Er sah wie ein Häufchen Elend aus und zitterte trotz der Hitze und seiner Wolle am ganzen Körper.

Mama versuchte, ihm etwas Wasser aus ihrer Trinkflasche zu geben. Aber Gregor wollte nichts trinken. Das war leider kein gutes Zeichen. Papa hielt weiter Ausschau nach Edda. Als sie endlich kam, hatte sie einen ganzen Hilfstrupp samt Tierärztin im Schlepptau.

„Da seid ihr ja!", rief sie ihnen von Weitem zu. „Was für ein glücklicher Zufall, dass ihr Gregor hier gefunden habt! Vielen Dank, dass ihr mich gleich benachrichtigt habt!" Edda war die Erleichterung ins Gesicht geschrieben.

„Ist doch klar!", sagte Papa.

Edda blickte sich suchend um. „Wo ist der Kleine denn?", fragte sie ganz außer Atem.

„Dort hinten bei Alexandra und Fips. Eigentlich war es Fips, der Gregor aufgespürt hat!", sagte Papa und zeigte auf den riesigen Felsvorsprung. Edda lachte und meinte: „Das hätte ich mir denken können. Der kleine, tapfere Fips! Der bekommt noch ein besonders großes Leckerli von mir! Nun will ich aber erst mal schnell nach Gregor sehen."

„Hallo, Lilly, hallo, Nikolas!", begrüßte sie die beiden Kinder, die immer noch bei Gregor saßen. „Wer hätte gedacht, dass wir uns so schnell wiedersehen?"

Fips rannte freudig auf Edda zu, und sie tätschelte ihm den Kopf: „Danke Fips, du bist Gregors Retter! Dann wollen wir mal schauen, dass wir dich da rausbekommen, Gregor! Ich habe noch Helferinnen mitgebracht. Anna und Jana kennt ihr ja noch."

Lilly und Nikolas nickten. „Gregor zittert ganz stark. Er wollte einfach nichts trinken", berichtete Nikolas.

„Er ist sicher zu schwach. Ihr habt euch wirklich prima um ihn gekümmert, vielen Dank!", antwortete Edda und meinte zu ihren Helferinnen gewandt: „Kommt, ihr nehmt ihn an seinen Hinterbeinen, und ich versuche es vorne. Dann ziehen wir ihn hoch."

Nach einigen erfolglosen Versuchen schafften sie es schließlich mit vereinten Kräften, Gregor zwischen den Felsen herauszuziehen. Alle waren schweißgebadet und erleichtert, dass sie Gregor geborgen hatten.

Die Tierärztin untersuchte ihn noch an Ort und Stelle. Leider gab es schlechte Nachrichten: Gregors Hinterbein war gebrochen, und er brauchte sofort Hilfe in der Tierklinik.

Von Rittern, Hexen und Hofnarren

Lilly und Nikolas waren am Tag zuvor noch bei Gregor geblieben, bis er in die Tierklinik transportiert worden war, und hatten sich ausgiebig um ihn gekümmert. Vor Aufregung hatten sie abends kaum einschlafen können. Natürlich hatten sie Emil, Marie und Anton noch eine Nachricht geschickt, dass sie Gregor gefunden hatten.

Am nächsten Morgen brachen sie, entsprechend müde, früh morgens zum *Schloss Heidelberg* auf. David kam – zu Lillys Freude – auch mit. Nachdem sie das Auto abgestellt hatten, gingen sie durch die Altstadt durch kleine Gassen auf die Hauptstraße, an der *Heiliggeistkirche* und dem *Rathaus* vorbei bis zur *Rathaus-Bergbahn* am „Kornmarkt".

„Ich glaube, wir sollten noch einen kleinen Abstecher machen", sagte Mama geheimnisvoll, kurz bevor sie an der Bahnstation ankamen. Lilly und Nikolas sahen einander verständnislos an, folgten ihr aber, ohne weiter nachzufragen, weil sie zum Diskutieren ohnehin noch nicht wach genug waren. Kurze Zeit später kamen sie am Neckarufer an und sahen eine alte Brücke.

„Du wolltest uns eine Brücke zeigen?", fragte Nikolas verwundert.

„Nicht ganz", erwiderte Mama. „Ich wollte euch den Brückenaffen zeigen."

Die Kinder schauten in die von ihr gewiesene Richtung – und da sahen sie ihn: einen Affen aus Bronze mit einem etwas seltsam hohlen Gesicht. „Schon im 15. Jahrhundert gab es an dieser Brücke einen Affen,

damals allerdings noch in einem Brückenturm. Er markiert sozusagen den Eingang zur Kurpfalz. Dieser Affe ist allerdings bedeutend jünger."
„Na, erkennt ihr den Bildhauer?", fragte Papa.
Lilly und Nikolas gingen näher an die Skulptur heran, lasen die Aufschrift auf der kleinen Tafel neben dem Affen und riefen: „Gernot Rumpf!"
„Seht ihr", sagte Mama, „die Pfalz ist nämlich gar nicht weit von hier entfernt."
Die Kinder konnten sich noch gut an ihr Abenteuer dort erinnern, als auf einmal alle Mäuse von den Werken dieses Bildhauers verschwunden waren, der sie doch eigentlich immer als sein Markenzeichen einbaut. Inzwischen waren sie dank Lilly und Nikolas zum Glück alle wieder an Ort und Stelle, und auch neben dem Affen war ein Mäusepärchen gut zu erkennen. David zeigte seinen beiden Freunden, wie man sich unter den Affen stellen musste, damit es aussah, als hätte man selbst einen Affenkopf. Nachdem sie davon ein paar witzige Fotos geschossen hatten, gingen die fünf zum Kornmarkt zurück. Sie fuhren mit der historischen Bahn steil den Berg hinauf und stiegen an der *Molkenkur* wieder aus.
„Den Rest gehen wir zu Fuß!", sagte Papa und ging voll motiviert voran. Bevor sie jedoch zum Schloss weitergingen, machten sie noch einen weiteren Abstecher – auf die Terrasse des Schlosshotels.
„Das hat sich doch gelohnt, oder?", meinte Mama zufrieden. „Das ist das Neckartal und dort hinten die Rheinebene."
„Also, ich bin ja gespannt, ob das Schloss hier mit den Burgen mithalten kann", sagte Nikolas.

„Mithalten? Na, hör mal, das *Heidelberger Schloss* ist eine der berühmtesten Ruinen Deutschlands und das Wahrzeichen der Stadt Heidelberg", meinte Papa und gab Zeichen, weiter in Richtung Schloss zu gehen.

„Ob wir Edda gleich noch mal anrufen können?", fragte Lilly Mama wie aus dem Nichts. Sie dachte immer nur an Gregor – und das, obwohl David heute mit dabei war.

„Ach Lilly, lass es uns erst heute Abend wieder versuchen, okay? Ich bin mir sicher, sie wird sich melden, wenn es etwas Neues gibt. Sie hat es ja versprochen. Und sie hat sowieso schon drei Nachrichten von uns auf ihrer Mailbox", sagte Mama und blieb stehen, um nach Luft zu schnappen. Links von ihnen säumten imposante Villen den Weg. Dahinter konnte man immer wieder einen Blick auf Heidelbergs Altstadt werfen.

Fips war heute zu Hause bei Tante Kathi und Onkel Matthias geblieben. Nach dem aufregenden Tag am *Felsenmeer* gestern tat ihm ein bisschen Ruhe sicher gut.

Später nach dem Schlossbesuch wollten sie auch noch mit Davids Mom und Mama in die *Klima Arena Sinsheim* während Mama und Papa sich auf einen gemütlichen Bummel durch die Altstadt freuten.

„Auf dem Rückweg nehmen wir aber bitte für den ganzen Weg die Bergbahn, ja?", fragte Mama.

Papa nickte und wischte sich den Schweiß von der Stirn: „Auf jeden Fall! Ich hatte den Aufstieg gar nicht so anstrengend in Erinnerung."

„Na ja, als wir das letzte Mal zur Schlossweihnacht hochgelaufen sind, warst du auch erst Mitte zwanzig, Schatz", neckte ihn Mama.

„Die gibt's übrigens nicht mehr – zum Schutz der Fledermäuse", fügte sie hinzu.

„Es ist gar nicht mehr weit. Da hinten ist schon der Eingang!", sagte David und zeigte auf einen mächtigen Torbogen.

Dort angekommen, erblickten sie zwei junge Frauen, die bodenlange Kleider in leuchtendem Blau und Rot mit goldenen Verzierungen trugen. Sie sahen aus wie aus der Zeit gefallen.

„Herzlich willkommen auf dem *Heidelberger Schloss*!", begrüßten sie die Besucher freundlich, reichten ihnen einen Flyer und machten einen Knicks. Ihre weißen Locken wackelten dabei.

„Ich war zwar schon zig Mal auf dem *Heidelberger Schloss*, aber der Service hat sich deutlich verbessert!", sagte Papa und schlug zufrieden den Flyer auf.

„Schaut mal, da vorne ist der Plan. Da sieht man es viel besser", meinte Mama.

Sie standen vor einem großen Schild und verschafften sich einen Überblick, als sie plötzlich vertraute Stimmen hörten. Neben ihnen tauchten Asra und Jens auf. „Hi ihr! Das hätten wir uns denken können, dass wir die Berliner Touristen bei der Hauptattraktion Heidelbergs antreffen!", sagte Jens und begrüßte alle.

„Schön, euch wiederzusehen! Was macht ihr denn heute hier?", sagte Mama.

„Heute vor einem Jahr haben wir uns hier auf einer Party kennengelernt, darum wollten wir unseren Jahrestag hier verbringen", erklärte Asra und wollte dann von Lilly und Nikolas wissen: „Was habt ihr in der Zwischenzeit alles erlebt?"

Lilly jedoch fragte ungeduldig: „Wisst ihr vielleicht was Neues wegen Gregor?"

„Es geht ihm schon deutlich besser. Edda ist, wann immer möglich, bei ihm. Ich glaube, sie hat überhaupt nicht mehr geschlafen, seit sie ihn bei euch im *Felsenmeer* abgeholt hat. Er steht in einem getrennten Gehege, damit die anderen seinen Verband in Ruhe lassen", sagte Jens. „Hätte ich bloß das Tor richtig zugemacht!", fügte er hinzu.

„Du?", fragten Lilly und Nikolas gleichzeitig.

„Ja ...", sagte Jens und nickte schuldbewusst mit dem Kopf.

„Aber wieso du? Emil ist doch der Letzte …", meinte Lilly verwundert.

„Nachdem Emil das Tor geschlossen hatte, bin ich noch mal zurück, weil ich mein Handy nicht finden konnte. Ich war mit Asra zum telefonieren verabredet. Also hab ich überall danach gesucht, auch im Alpaka-Gehege. Und da hab ich es tatsächlich wieder gefunden. Als das Handy dann klingelte, muss ich abgelenkt gewesen sein und habe anscheinend das Gatter nicht richtig fest verschlossen. Die Chance hat Gregor genutzt. Er ist eben fast noch ein Baby und sehr neugierig. Ich mache mir riesige Vorwürfe."

Asra tätschelte tröstend seinen Arm. „Es ist ja noch mal gut gegangen! Und du hast dich schon tausend Mal entschuldigt. So was ist menschlich. Das wird dir nie wieder passieren."

„Oje, das ist ja ein Ding. Das müssen wir sofort Emil sagen. Der ist total traurig, weil er glaubt, er sei schuld daran, dass Gregor verschwunden war", sagte Nikolas. Er schnappte sich sein Smartphone und wählte Emils Nummer.

Kurze Zeit später kam er zu den anderen zurück und berichtete: „Ich glaube, Emil hat sogar ein bisschen geweint vor Erleichterung. Kann ich auch verstehen. Was für eine Aufregung! Gut, dass ich Entwarnung geben konnte."

Jens nickte: „Das tut mir echt leid. Ich habe in dem ganzen Trubel gar nicht daran gedacht, dass Emil glauben könnte, er sei die Ursache für Gregors Verschwinden. Danke, Nikolas, dass du ihm Bescheid gesagt hast!"

„Ist doch klar!", meinte Nikolas. „Und was jetzt?"

Lilly erklärte: „Wir gehen den Rundweg hier entlang. Zuerst zum *Großen Altan*. David sagt, dort wartet ein Rätsel auf uns."

„Oh, das klingt spannend", sagte Nikolas.

Jens und Asra verabschiedeten sich, sie wollten noch einmal nach Gregor sehen und im Gehege alles für seine Ankunft vorbereiten.

Als sie auf der Terrasse, dem *großen Altan*, ankamen, bemerkten sie im Boden eine schuhähnliche Vertiefung im Sandstein.

„Na, habt ihr eine Ahnung, was das sein könnte?", fragte David und deutete auf die Verformung.

„Hm, sieht aus wie ein Abdruck!", sagte Lilly.

„Richtig!", stimmte Papa zu. „Man erzählt sich die Legende, ein kühner Ritter habe ihn einst hier hinterlassen, als er aus einem Fenster des Friedrichsbaus sprang."

Und Mama las aus dem Heftchen vor: „Der Legende nach soll sich eine Hofdame mit einem Edelmann in den Gemächern des Friedrichsbaus vergnügt haben. Als man das Liebespärchen in flagranti erwischte, soll der Ritter aus Verzweiflung aus dem Fenster gesprungen sein. Dann gibt's noch eine andere Version. Und zwar wäre der Ritter in voller Rüstung durch ein Feuer zum Springen getrieben worden. Klingt beides nicht sehr spaßig."

„Das heißt, das ist der Abdruck des schweren Eisenschuhs seiner Rüstung?", stellte Nikolas fest.

„Vergleich doch mal deinen Abdruck mit seinem. So von Ritter zu Ritter, weißt du?", neckte ihn Papa.

Nikolas stellte seinen Fuß in die Kerbe im Boden und der passte tatsächlich genau in den Abdruck hinein.

„Oha! Passt haargenau! Dann erwartet dich wohl ein glückliches Leben – so sagt man!", sagte David.

Auch die anderen probierten nacheinander aus, ob ihre Füße in den Abdruck passten, jedoch erfolglos.

„Nikolas, du Glückspilz!", sagte Mama und drückte ihn an sich.

„Lasst uns mal zum Torturm weitergehen! Da gibt es auch was Spannendes, nämlich einen Eisenring mit Riss", sagte Papa.

„Das klingt ja sehr spannend. Ein uralter Eisenring mit einem Riss, und das auch noch in einer Ruine – wie außergewöhnlich!", sagte Nikolas und zwinkerte schelmisch in die Runde.

„Haha, sehr witzig. Also, der Legende nach soll eine Hexe versucht haben, ihn durchzubeißen, um in den Besitz des Schlosses zu gelangen – hat sie aber nicht geschafft!", meinte Mama.

„Oh, ich liebe solche Geschichten", sagte Lilly.

„Dann hab ich gleich noch eine für dich!", sagte David. „Und zwar die vom Hofnarr Perkeo."

„Sehr gerne. Können wir vorher noch eine Pause da hinten auf den Bänken im Schatten machen?", schlug Mama vor.

Sie ließen sich alle nieder und packten ihre Flaschen aus. „Und wer war nun dieser Perkeo?", fragte Lilly. Mama spitzte ebenfalls die Ohren, und David begann, zu erzählen.

„Perkeo war ein kleinwüchsiger Mensch, der im 19. – nein, wartet – im 18. Jahrhundert lebte. Er war damals als Hofnarr für den Kurfürsten Carl Philipp von der Pfalz hier am Schloss beschäftigt. Die beiden hatten sich in Tirol kennengelernt, und der Kurfürst war so begeistert von dem kleinen Mann, dass er ihn schließlich mit nach Heidelberg nahm. Hier angekommen wurde er ganz schnell durch seine Späße und seine ausgeprägte Weinliebe berühmt – ihm wurde sogar schon zu Lebzeiten ein Denkmal gesetzt. Es existiert das Gerücht, dass ein Becher Wasser angeblich zu seinem Tod führte."

„Und wieso hieß er denn Perkeo? Den Namen höre ich zum ersten Mal. Er klingt italienisch!", meinte Papa.

„Richtig! Perkeo hieß nämlich eigentlich Clemens Pankert. Er hatte als Hofmeister und Weinschenk die Verantwortung für den kurfürstlichen Weinbestand. Da er selbst so viel Wein trank, soll er auf die Frage, ob er noch einen Becher Wein leeren wolle, stets auf Italienisch geantwortet haben: ‚Perché no?' – ‚Warum nicht?'. Deshalb Perkeo. Im Fasskeller wacht noch heute die hölzerne Figur des Perkeo über jeden, der sich dem Großen Fass nähert!", erklärte David.

„Ahhh! Also, dann sollten wir uns vielleicht später auch einen guten badischen Wein gönnen, oder was meint ihr?", sagte Papa voller Vorfreude, während sie zur Bergbahn schlenderten.

Happy End für Gregor

Schon von Weitem war das riesige Gebäude der *Klima Arena* in Sinsheim zu erkennen: „Wow!", staunte Nikolas. „Die Wand ist ja komplett begrünt!"

„So was habe ich noch nicht gesehen!", sagte Lilly. Sie war total begeistert.

David und seine Mamas, die Lilly und Nikolas in Heidelberg abgeholt hatten, stimmten in die Begeisterung mit ein. „Das sieht ja vielversprechend aus", meinte Silvia. „Ich bin gespannt, was uns drinnen erwartet!"

Sie gingen durch die Eingangstür an die Info, an der sie ein freundlicher Herr begrüßte: „Hallo und herzlich willkommen. Wart ihr schon mal hier, oder seid ihr zum ersten Mal da?"

„Neulinge!", gab David zur Antwort. „Wir sind jetzt schon baff. Die Wand draußen ist der Hammer! Jetzt sind wir erst richtig neugierig, was ihr hier drin zu bieten habt."

Die anderen nickten bekräftigend.

„Na, dann: Wir sind ein außerschulischer Lernort, an dem ihr euch mit den klassischen Themenfeldern der Bildung für nachhaltige Entwicklung auseinandersetzen könnt. Das heißt –"

Nikolas unterbrach ihn: „Es geht um den Klimawandel und darum, was wir tun können, um ihn abzuwenden."

„Ja, genau! Da weiß jemand richtig gut Bescheid. Du willst nicht

zufällig bei uns jobben?", fragte der Mann und lachte.
„Das wäre tatsächlich supercool, wenn ihr auch Sommeraushilfen braucht. Meine Schwester Lilly und ich, wir leben nämlich in Berlin und sind hier nur zu Besuch bei unserer Tante", erklärte Nikolas.
„Verstehe! Dann könnt ihr die Zeit hier prima nutzen. Vielleicht lernst ja sogar du noch was dabei."
Silvia, Eva, Lilly, David und Nikolas ließen sich das nicht zweimal sagen und machten sich auf den Weg. Das war jedoch erst mal gar nicht so einfach. Überall gab es etwas Spannendes zu sehen. „Schaut mal, da vorne. Das sieht interessant aus!", rief David den anderen zu.
Sie versammelten sich vor einer riesigen Filmwand, und Lilly drückte

auf einen der Startknöpfe, um etwas über Windräder zu erfahren. Es gab noch viele weitere Beiträge zu unterschiedlichen Lebensbereichen in Verbindung mit den Auswirkungen auf die Ressourcen der Erde. Es war spannend, aber auch ein wenig bedrückend.

„Oje, ganz schön heftig, was da mit der Erde passiert!" Silvia fasste sich als Erste wieder.

„Aber echt!", stimmte Lilly zu.

„Deshalb ist es auch so wichtig, dass wir was verändern!", erwiderte Nikolas. „Kommt mal weiter. Ich habe was von einem Supermarkt gesehen. Dort kann man sehen, welche CO_2-Werte bei der Herstellung welcher Lebensmittel verbraucht werden."

„Ach, das ist ja interessant. Die Ananas verbraucht deutlich mehr als der Apfel hier. Wegen der langen Transportwege", sagte Eva.

„Wie gut, dass ich Äpfel sowieso viel lieber mag!", erwiderte Silvia und holte aus ihrem Rucksack einen Apfel hervor. „Und die aus dem Garten am allerliebsten. Mag jemand?" Sie gingen in den Themenpark im Außengelände und verspeisten die leckeren Äpfel.

„Tja, die Fichte wird hier dann wohl nicht mehr lange überleben können, wenn es immer heißer wird." David stand vor einem kleinen Bäumchen.

„Stimmt. Stattdessen brauchen wir über kurz oder lang andere Baumarten, wie zum Beispiel die Zeder hier", erklärte Nikolas.

„Sie wächst nur viel langsamer als die Fichte. Da sollten wir lieber schnell mit dem Pflanzen beginnen. Ob es in Berlin schon welche gibt?", fragte Lilly.

„Wenn nicht, dann ändern wir das, Lilly, oder?", sagte Nikolas und sah seine Schwester voller Tatendrang an.

Die Zeit verging wie im Flug, und sie fuhren voller neuer Ideen und Gedanken zurück nach Korsika.

Als sie dort angekommen waren, hatte Mama Neuigkeiten zu berichten: „Lilly, Nikolas! Edda hat mich vorhin angerufen. Gregor hat alles wunderbar überstanden. Es geht ihm schon viel besser. Und wisst ihr was? Edda will das morgen spontan mit einem großen Fest feiern. Wir sind alle eingeladen."

„Das wird bestimmt schön und traurig. Immerhin ist morgen schon euer letzter Tag hier bei uns", sagte Tante Kathi.

Abends grillten sie gemeinsam in Tante Kathis Garten. Silvia, Eva und David waren auch dabei. Es gab viel zu erzählen.

Die Dankesfeier

Am nächsten Tag ging es noch einmal für alle nach Heidelberg auf die Alpakafarm. Fips durfte natürlich auch nicht fehlen! Der Ort war kaum wiederzuerkennen: Alles war geschmückt, und es gab sogar eine Bühne.

„Ich danke euch allen für eure tatkräftige Unterstützung!", sagte Edda und erhob ihr Glas, in dem die Fruchtbowle mit ihren Augen um die Wette leuchtete. Die Erleichterung war ihr sichtlich ins Gesicht geschrieben.

„Ganz besonders danke ich natürlich unserem kleinen Fips, der sich mutig in die Felsklippen gestürzt hat, um Gregor zu retten!"

Fips, der auf der kleinen Tribüne zwischen Edda und Tante Kathi saß, blickte stolz in die Menge.

„Lasst uns gemeinsam auf Fips und Gregor anstoßen!", sagte Edda.

Es folgte lauter Applaus, und die Musik begann zu spielen. Alle waren gekommen, um die glückliche Wendung zu feiern: Emil, Anton und Marie, David und Silvia sowie Eva, Jens und Asra. Nur Davids Vater war noch mit Annika in den Flitterwochen. Er sandte Grüße per Videobotschaft.

„Ich bin so froh, dass sich alles geklärt hat!", sagte Emil. „Danke, dass ihr zu mir gehalten habt!"

„Ehrensache!", sagte Nikolas und knuffte ihn sanft in die Seite. „Lasst uns mal ein paar Gläser Fruchtbowle holen gehen. Die schmeckt einfach megalecker", meinte David, und die Jungs setzten sich in Bewegung in Richtung Theke.

Marie blieb bei Lilly und Fips, der nicht von ihrer Seite wich. „Schade, dass ihr schon wieder nach Hause fahrt. Wir hatten gar nicht so richtig viel Zeit zusammen. Ich hätte dir gerne noch so viel gezeigt", sagte Marie zu Lilly.

„Vielleicht klappt es ja nächstes Jahr. Ich glaube, es war nicht das letzte Mal, dass wir hier waren", sagte Lilly, die auch schon ein wenig traurig war.

Fips stupste sie mit großen Augen an, und Lilly beugte sich zu ihm hinunter: „Ich werde dich sehr vermissen, du Süßer!" Sie streichelte Fips, der das sichtlich genoss, noch einmal ausgiebig den Bauch.

„Hast du Fips gemeint?", fragte Nikolas. Neben ihm stand David.

„Ja, klar!", sagte Lilly und blickte dann etwas traurig David an.

Der schien Gedanken lesen zu können. Er sagte: „Ich hab mal mit den anderen aus der SENSES-Crew gesprochen. Im September gibt es einen Contest in Berlin. Daran wollen wir teilnehmen."

Jetzt war auch Nikolas sprachlos.

„Du kommst nach Berlin?", fragte Lilly. Ein Lächeln huschte über ihr Gesicht. David nickte.

„Och Mensch, ich will auch!", sagte Marie und nahm einen Schluck von ihrer Fruchtbowle. Auch Emil und Anton tranken zufrieden aus ihren Gläsern. Als es für sie Zeit war, sich auf den Heimweg zu machen, versprachen sie einander, in Kontakt zu bleiben.

„Vielleicht finden wir ja doch noch heraus, wie Gregor von der Alpakafarm rüber zum Felsenmeer gekommen ist", sagte Marie mit entschlossenem Blick zum Abschied.

Die Feier war ein voller Erfolg, und erst als die letzten Gäste gegangen waren, verabschiedeten sich auch Lilly, Nikolas, Mama, Papa, Tante Kathi und Onkel Matthias von Edda. Außer ihnen waren nur noch David mit Silvia und Eva da.

„Ihr müsst unbedingt wiederkommen!", sagte Edda. „Immerhin seid ihr Gregors Retter!"

„Natürlich kommen wir wieder! Richtig, Schwesterherz?", sagte Mama und schaute Tante Kathi verschwörerisch an.

Lilly kraulte Gregor noch einmal extra lange hinter dem Ohr und versprach, bald wiederzukommen. Ihr war ganz schön schwer ums Herz, und auch Nikolas fiel der Abschied nicht leicht.

Am nächsten Morgen standen sie früh auf, um nicht in den Berufsverkehr zu geraten.

David war extra früh wach, um Lilly und Nikolas persönlich zu verabschieden, und hatte beiden zwei schön verpackte Geschenke gegeben. Als sie auf der Autobahn waren, schauten sie neugierig hinein.

„Ach, ein Grüffelo Briefpapier!", lachte Lilly.

„Na, wenn das nicht mal ein Hinweis ist, liebes Lillylein", sagte Papa.

„Ich habe eine wiederbefüllbare Trinkflasche mit dem Grüffelo drauf bekommen", sagte Nikolas.

Die anderen kicherten. Lilly begann gleich, einen ersten Brief zu schreiben – natürlich an David.

– *Ende* –

Geo-Naturpark Bergstraße-Odenwald
Nibelungenstraße 41, 64653 Lorsch
06251/707990
www.geo-naturpark.net

Naturpark Neckartal-Odenwald
Kellereistraße 36, 69412 Eberbach
06271/942275
www.naturpark-neckartal-odenwald.de

Heidelberg

Tourist-Info am Neckarmünzplatz
Obere Neckarstraße 31, 69117 Heidelberg

Tourist-Info Rathaus
Marktplatz 10, 69117 Heidelberg
www.heidelberg.de

Alpakafarm Hirtenaue
Am Pferchelhang, nach Hausnummer 36, 69118 Heidelberg
06221/8958830
www.alpakafarm-hirtenaue.de

Heidelberger Felsenmeer im Naturpark Michelsbrunnen
www.heidelberg.de/409269.html

Schloss Heidelberg

Veranstaltungen und allgemeine Informationen
Schloss Heidelberg, 69117 Heidelberg
06221/53840

Besucherzentrum im Schloss Heidelberg

06221/538472
www.schloss-heidelberg.de

Heidelberger Bergbahnen

06221/513-2150
www.bergbahn-heidelberg.de

Mehrgenerationenhaus Heidelberg im Schweizer Hof (Kinderhotel)

Heinrich-Fuchs-Straße 85, 69126 Heidelberg
06221/4299020
www.mgh-heidelberg.de/angebote/kinderhotel

Märchenparadies Heidelberg GmbH & Co KG

Königstuhl 5, 69117 Heidelberg
06221/23416
www.maerchen-paradies.de

Weinheim

Amt für Touristik, Kultur und Öffentlichkeitsarbeit

Marktplatz 1 (Altes Rathaus), 69469 Weinheim
06201/82610
www.weinheim.de

Jakobswand

Sektion Weinheim des Deutschen Alpenvereins e. V.
Birkenauer Talstraße 99, 69469 Weinheim
06201/8463351
www.dav-weinheim.de/kletterzentrum/ueber-das-kletterzentrum/die-jakobswand

Burgruine Windeck
Wachenbergstraße, 69469 Weinheim
06201/15258 oder 06201/12481
www.burgruinewindeck.de

Wachenburg
Juliane Wasser Veranstaltungen GmbH
Auf der Wachenburg, 69469 Weinheim
06201/846260
www.wachenburg.de

Exotenwald
69469 Weinheim
www.weinheim.de/746758.html

Der Grüffelo (Wanderpfad)
Weinheimer Wald
www.weinheim.de/2271840.html

Sonstiger Odenwald und Mannheim

Moor „Rote Wasser"
Zum Roten Wasser
64760 Oberzent, 06251/707990
www.bergstrasse-odenwald.de

Schloss Auerbach
Ernst-Ludwig-Promenade
64625 Bensheim, 06251/72923
www.schloss-auerbach.de

Kletterwald Viernheim
Lorscherweg, 68519 Viernheim
06204/6012974
www.kletterwald-viernheim.de

Burg-Gasthof Strahlenburg
Angelika Imschweiler und Ludger Evers GbR
Burgweg 32, 69198 Schriesheim, 06203/9574715
www.strahlenburg-schriesheim.de

Terrassenbad in Neckargemünd
Schwimmbadstraße 26
69151 Neckargemünd
06223/8057930
www.neckargemuend.de/start/entdecken/Freibad.html

Abona Beach
Stalinger Gaststätten Betriebs-GmbH
Schwimmbadstraße 24
69151 Neckargemünd
0170/7328990
www.abonabeach.de

Sommerrodelbahn Erlebnishöhe Wald-Michelbach
Kreidacher Höhe 2
69483 Wald-Michelbach
06207/9224848
www.erlebnishoehe-wald-michelbach.de/sommersaison/sommerrodelbahn

Eberstadter Tropfsteinhöhle
Besucherzentrum an der Höhle
Höhlenweg 8
74722 Buchen-Eberstadt
06292/578
www.tropfsteinhoehle.eu

Felsenmeer-Informationszentrum
Felsenmeer 3
64686 Lautertal (Odenwald)
06254/940160
www.felsenmeer-zentrum.de

Nationaltheater Mannheim
Goetheplatz
68161 Mannheim
0621/16800
www.nationaltheater-mannheim.de
www.erlebnishoehe-wald-michelbach.de

Außerdem bei Biber & Butzemann

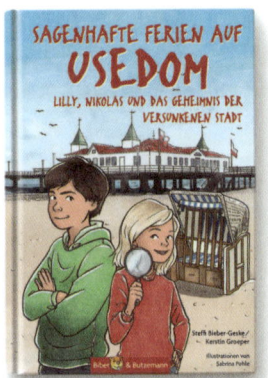

  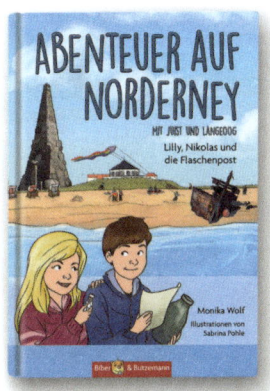

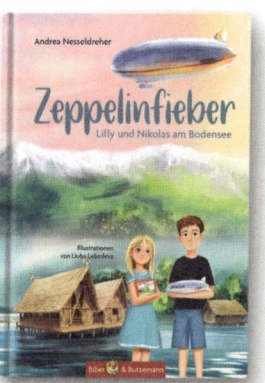

Die Autorin

Teresa A. K. Kaya verfasste ihr erstes Buch von der Konzeption über den Text bis zum Druck eigenhändig im Kindesalter. Seither ist ihre Passion zum geschriebenen Wort ungebrochen und es entstanden zahlreiche Publikationen unterschiedlicher Genres von Lyrik über Praxishandbücher bis hin zu Magazin-Artikeln. Besonders liegen Teresa A. K. Kaya Geschichten für kleine und große Kinder am Herzen. Sie lebt mit ihrer Familie seit 2009 in ihrer Wahlheimat Heidelberg.

Die Illustratorin

Liuba Lebedeva wurde 1988 in der UdSSR geboren. Seit ihrer Kindheit träumte sie davon, Künstlerin zu werden, aber sie ging ihrem Traum erst nach, als sie 2013 mit ihrem Mann nach Deutschland zog. Liuba zeichnet gerne mit verschiedenen Stiften und hat eine besondere Leidenschaft für Aquarell sowie digitale Illustration. Mit der Geburt ihrer Tochter tauchte die Liebe zu Kinderbuchillustrationen auf. Sie genießt es, Geschichten mit Bildern zum Leben zu erwecken und Leser zu inspirieren.